U1015283

阅

阅读成就思想……

Read to Achieve

投资的心理护城河

影响投资决策的非技术性因素

【澳】柯林·尼克尔森（Colin Nicholson）◎著
王鑫◎译

THINK LIKE THE GREAT INVESTORS

MAKE BETTER DECISIONS AND RAISE YOUR INVESTING TO A NEW LEVEL

中国人民大学出版社

图书在版编目（CIP）数据

投资的心理护城河：影响投资决策的非技术性因素 /（澳）柯林·尼克尔森（Colin Nicholson）著；王鑫译. -- 北京：中国人民大学出版社，2018.7

书名原文：Think Like the Great Investors: Make Better Decisions and Raise Your Investing to a New Level

ISBN 978-7-300-25360-2

Ⅰ. ①投… Ⅱ. ①柯… ②王… Ⅲ. ①投资－基本知识 Ⅳ. ① F830.59

中国版本图书馆 CIP 数据核字（2018）第 002597 号

投资的心理护城河：影响投资决策的非技术性因素

[澳] 柯林·尼克尔森（Colin Nicholson） 著

王 鑫 译

Touzi de Xinli Huchenghe: Yingxiang Touzi Juece de Feijishuxing Yinsu

出版发行	中国人民大学出版社		
社　　址	北京中关村大街 31 号	**邮政编码**	100080
电　　话	010-62511242（总编室）		010-62511770（质管部）
	010-82501766（邮购部）		010-62514148（门市部）
	010-62515195（发行公司）		010-62515275（盗版举报）
网　　址	http://www.crup.com.cn		
	http://www.ttrnet.com（人大教研网）		
经　　销	新华书店		
印　　刷	天津中印联印务有限公司		
规　　格	170mm × 230mm 16 开本	**版　　次**	2018 年 7 月第 1 版
印　　张	14.25 插页 1	**印　　次**	2021 年 8 月第 3 次印刷
字　　数	210 000	**定　　价**	59.00 元

目录

Think Like the Great Investors

第一部分

影响投资决策的认知偏差

当一个人的思想拓展到一个新领域时就再也回不到原来的纬度了。

奥利弗·温德尔·霍姆斯

（Oliver Wendell Holmes）

大多数人习惯于使用顺其自然的本能思维来做出决策。然而，行为金融领域的研究已经表明，我们天生的本能往往不能很好地为我们服务。一旦我们在做决策时受到了共性的认知偏差的影响，我们将不会再次审视我们的投资过程。

01

塑造我们的命运

当你做出决策的那一刻，你的命运就已经注定。

安东尼·罗宾斯（Anthony Robbins）

我非常喜欢阅读关于投资的书籍和文章。我尤其喜欢阅读那些伟大投资者的故事，他们能够持续地为自己和客户带来可观的收益。毕竟，如果我们想成为更好的投资者的话，那些有着良好投资业绩的人就是我们的榜样。

当我越来越了解那些伟大的投资者，我就越来越被他们优于普通投资者的思维方式所触动。我发现，伟大的投资者总有一些关键特征，正是这些特征使他们能够获得突出的业绩，并与其他投资者区分开来。

- **教育**。这是必需的。极少数人是自学成才的，大多数人都有大专以上学历，一般都有研究生学历。而且，在他们的职业生涯中，他们总是用各种方法来完善自己的教育经历，无论是通过正式的还是非正式的方式。
- **智力**。他们的智力水平往往高于平均水平，但不必是天才的水准。事实上，智力水平太高反而会是一种障碍。现代金融不是很容易理解和概念化，需要多年大量的深入思考。

- **经验**。那些伟大的投资者不仅仅会在交易中冲锋陷阵，他们还会随着时间的推移变得成熟。他们对于市场如何运作和之前发生过的事件有着极其深刻的认知，同时也在市场的压力下磨砺自己的投资技能。

除了以上这些特征，伟大的投资者似乎有一种独特的思维方式，而这种思维方式完全不同于那些正在尝试把自己的积蓄拿来投资的普通人的思维方式。

当我读到那些伟大投资者做出的引领其投资成功的决策时，我发现他们的决策看起来往往是违背直觉的。这一点困扰了我很多年。沃伦·巴菲特是我一生中遇到的最伟大的投资者之一，他为本杰明·格雷厄姆的投资经典著作《聪明的投资者》(*The Intelligent Investor*) 一书所写的序言解开了我心中的疑惑，他这样写道："我们需要一个能够帮助自己做出决策的完善的知识体系以及一种排除情绪干扰的能力。"

有一段时间，我认为这是我一直在寻找的关键：要熟知市场，我们必须先学会了解自己。每一个投资决策的背后看起来都是冰冷的逻辑，以至于我用逻辑的力量把我的情绪拒之门外。然而，这既是我的困惑之一，也是我迈向正确方向的一大步，它很难实现，而且我似乎也没有找到我想要的答案。

我仍然感到困惑的是，我的情绪到底是什么以及伟大的投资者在做决策时似乎是有悖直觉的，而且也不是简单地依靠逻辑思维。然而有一天，当我了解了所谓的"行为金融学"或者"行为经济学"时，我突然想通了。我所谓的"情绪"实际上就是我思维中的一整套认知偏差。

自 1971 年以来，针对人们做决策的方式已经有了大量的研究。作为一位经济学者，我所接受的培训让我总是认为人们在任何情况下都会做出在逻辑上使个人收益最大化的决策。从行为金融学中学到的知识让我意识到，人远比我想象的复杂。事实上，无论是投资还是生活，人们并不总是会最大化其可能获得的收益。

相反，我发现，当我们需要做出决策时，我们往往选择抄近路的方式或者使用启发法（heuristics）。启发法是解决问题的经验法则。比如，如果一对夫妻是金发，我们会认为他们的孩子可能也是金发。我们经常会依赖这些启发法的思维方式来做出重大决策。当启发法思维是建立在多年经验之上，并且已经变成直觉时，上述情况就更有可能发生。这就是经验在投资中如此重要的原因：我们培养出了基于直觉的启发法思维方式，因此避开了那些常见的认知偏差，而这些认知偏差是与生俱来的。

然而，常见的启发法和直觉思维并不总是以经验为基础的，我们会受到它们的影响而做出很多糟糕的决策，因为当我们做决策时，我们都容易出现普遍的认知偏差。诺贝尔奖得主对这一新领域展开的研究已经引起了广泛关注，这意味着我已经改善了我的决策方法。

于是，我开始研究那些发生在我的研究和日常行为中的认知偏差。更重要的是，我发现这可以解释伟大的投资者在做出那些违背直觉的决策时的思维方式。渐渐地，我意识到，他们的反直觉决策都可以通过其避免发生的、而我们在日常生活中会经常面对的认知偏差来解释。部分原因是他们从其经验中培养了更好的直觉，而这种直觉是那些没有经验的投资者所不具备的。然而，比这更重要的是，当他们做决策时，他们似乎已经培养出了一种意识和一种能力，来避免很多常见的认知偏差。

行为金融学研究人员贡献了很多具有开创性的工作成果，现在当我们需要做投资决策时，有大量的知识可供我们参考。一开始，这些观点对我来说都很有挑战性，我认为对你们来说也一样。然而，当我开始意识到我的思维中存在着普遍的认知偏差时，我做出的投资决策变得更好了，而且我的回报率也开始提高了。不仅如此，我还看到了自己在思维方面的认知偏差，以及生活在我周围的人在各个方面的认知偏差。

决策是投资的焦点。如果我们不做决策，投资也不会发生。除非我们做出了一系列有意义的投资决策，否则投资是不会成功的。当我们了解了自己心中所想，并避免了所有容易发生、而那些伟大的投资者却知道如何避免的认知偏差时，我们才能够做出最佳决策。

我的个人目标是不断磨炼我的思维技能，以便更有可能成为一位伟大的投资者。当然，这是一个未完成的故事。

我在这本书中强调了以下两点。

1. 我们的思维中有一些常见的认知偏差是很正常的，而且它们从来没有让我们觉得自己有问题。
2. 在很大程度上，我们都比自己想象的更容易出现这些认知偏差。这不是对我们进行的批评，只是我们作为人类的一种行为方式。

我发现，在做投资决策时，面对认识偏差的第一步是要意识到它们的存在。我们只有知道了它们的存在，才能认识它们，并且开始着手应对它们。因此，这本书的很大一部分内容将致力于描述我们投资决策过程中可能出现的各种认知偏差。

我也逐渐制定出了避免和应对这些认知偏差的策略。在介绍完我们思维中存在的各种认知偏差（本书的第一部分）后，我将会介绍这些策略。很多策略能够有效地应对多种认知偏差，所以会多次出现，但是侧重点可能各有不同。

我希望这些策略会为你在成为伟大的投资者的过程中提供一份有效的路线图。我邀请你加入我的旅程。

02

过度自信偏差：我们高估了自己的交易能力

大多数人对于经济学家缺乏尊重，这种情况部分归因于古典经济学理论的基本假设。经济学家研究的世界是非常复杂的。现代经济中有很多一直变化的部分，每一个部分都与其他部分相互作用，所以有非常多的关系需要处理。而且，这些关系会随时间动态变化。经济学家仍在努力建立一个准确、完整的现代经济运行模型，并通过计算机的力量来运行这个模型，以此来预测如果我们改变政策或者其他条件会发生什么。

为了试着在一个最低程度的实用水平来了解经济，古典经济理论基于这样一个假设，即人类在做出每一个决策时都是完全理性的。经济理论假设，当我们要做决策时，我们能够精确地衡量已经掌握的所有事实，而且总会做出理性的选择来帮助我们最大化（通常是货币化）价值。这一点是经济运行有效理论的发展基础。

但是，任何人只要花上一两分钟来想想人们或者自己在实际生活中的种种作为就会认识到，这些假设限制了经济理论的实用性。它们虽然在理论方面是有用的，但它们并没有看到真实的世界。我们很少能够掌握所有信息，我们很难权衡所有问题。在大多数情况下，我们的行为并不完全理性。我们会冲动地或者情绪化地做出很多决策。我们很容易出现认知偏差，而且我们经常以一种非最优的方式做出最重要的决策。

在最近几十年中，这一点已经使得一些研究人员开始研究人们做出决策的真正方式，而不再依赖旧的理论模型。他们研究人们如何真正地做出决策，而不是假设他们总会以理性的方式做出决策。他们的工作既有助于揭示这个高度复杂且混乱的系统，而这就是现实，还能够让我们认识和了解到我们在决策过程中所发生的认知偏差。当我们了解了如何管理这些认知偏差的时候，我们就能够提高我们的决策能力。

这一新的研究领域被称为行为金融学，它研究的是我们在大多数情况下的行为，包括如何为某物定价以及在股票市场中的行为。在股票市场中，研究人员通过精确地观察和衡量人们的行为并评估他们可能获得的结果来进行这项研究。

布拉德·巴伯（Brad M. Barber）和特伦斯·奥迪恩（Terrance Odean）进行了一项研究，他们调查了美国一家大型折扣经纪公司的 78 000 个账户从 1991 年到 1996 年的交易业绩。结果显示，与提供全方位服务的经纪人相比，折扣经纪公司之所以被选中最有可能是因为其客户在应当听取经纪人或者销售人员的投资建议时仍然可以自己做出决策。

对这 78 000 位交易者业绩的衡量是参考基准收益进行的，也就是如果他们这一年没有进行任何交易而可能获得的回报。结果显示，如果他们没有进行交易的话反而会更好，因为年初他们的投资组合的业绩平均为 2%，超过了他们在交易中实际获得的收益。表 2-1 对研究结果进行了总结。

表 2-1　研究结果汇总（按百分比排名）

	回报
最坏的结果	–250.20%
第 1 百分位值	–58.23%
第 5 百分位值	–29.40%

续前表

	回报
第 10 百分位值	–19.20%
第 25 百分位值	–8.80%
中值	–1.70%
第 75 百分位值	6.00%
第 90 百分位值	16.80%
第 95 百分位值	25.80%
第 99 百分位值	33.30%
最好的结果	580.20%

来源：《个人投资者的普通股投资业绩》(*The Commom Stock Investment Performance of Individual Investors*)，布拉德·巴伯和特伦斯·奥迪恩于 1998 年发表的工作论文。

结论是，只有最好的 10% 的交易者的业绩与这段时间的市场指数较为匹配，这与之前很多研究的结论大致一致，同时也表明，至少有 90% 的交易者失败了。

现在，当很多初级交易者看到这张表格时，他们并不会有太多困扰。事实上，如果你对这张表格的反应与他们相似（他们对表格没有疑问是因为他们认为自己就是那 10% 的交易者中的一员），那么这就是行为金融学研究人员所谓的“过度自信”。

研究人员已经对很多领域的专业人士进行了研究。结果一致表明，在对事物进行主观判断时，我们都很容易高估我们所掌握的知识的精度。当人们认为自己的判断比实际结果更好时，那么研究人员就会认为他们是过度自信了。

毫不奇怪，研究人员已经证明，当需要对困难任务，比如难以预测且缺乏快速、明确反馈的事物做出判断时，过度自信往往是最大的问题。

如果我们思考一下股票交易，我们就必须承认股票交易属于上述情形。事实上，暂且把整个交易过程放在一边不提，单是选股这一步就是一项艰巨的任务，因为预测是非常困难的，而且反馈也是令人困惑和不确定的。由此可见，我们很可能会在选股时过度自信。

交易者过度自信的这一特点使我们在交易过程伊始就高估了自己对一只股票的价值的认知。我们认为自己掌握的信息是非常重要和精确的，但事实并非如此。而且，我们严重高估了自己的评估比其他交易者更准确的概率，这就使交易者之间出现了更多的不同意见，导致了更多的交易。

为了仔细解释这种观点，研究人员将该折扣经纪公司的 78 000 位交易者按照从最低交易额到最高交易额的顺序分成了 5 组：

- 投资最不活跃的那 20% 的人，他们平均每年的交易频率是 2.3 次，平均每年的净利润率为 18.5%；
- 投资最活跃的那 20% 的人，他们每年的交易频率是 104~250 次，平均每年的净利润率仅为 11.4%。

显然，交易越多，就越影响他们为创造财富所付出的努力。

为了进一步证明过度自信会导致更频繁的交易和更坏的结果，研究人员试图找到某种方式，对他们知道的那些过度自信者和非过度自信者进行比较。之前也有很多研究可以在这方面为他们提供帮助。

之前的研究已经表明，男性和女性都会过度自信，但总的来说，男性比女性更严重。对过度自信的衡量是通过完成大量任务来进行的，这一点非常重要。比如，男性通常认为自己比女性更有能力，而实际上这种能力更多地体现在体力劳动方面。

之前的研究还非常清晰地表明，男性倾向于认为自己比女性更可能在财务工作中占据一席之地。因此，如果男性在财务方面比女性更容易过度自信，那么对比研究男性与女性的交易结果不失为一种检验过度自信的影响的好方法。

在观察折扣经纪公司的这些客户时，显然，研究人员必须排除那些已婚夫妇的账户，因为他们可能会影响对方的决策。因此，他们要将注意力放在单身男女的账户上。他们首先观察的是成交量或者交易活动。女性的换手率为 50%，而男性的换手率则达到了 85%。

其次，研究人员观察了至关重要的最终结果。同样，他们使用的是如果投资组合在年初保持不变所可能获得的回报来进行衡量。无论男性还是女性，其投资收益与其投资组合所可能获得的年固定收益相比都是下降的。就女性而言，其投资收益下降了 1.45 个百分点，而男性的业绩更差，其投资收益下降了 2.9 个百分点。

以下是这项研究以及其他研究表现出的其他一些性别差异。

- 当反馈是直接且明确的时候，女性和男性同样都是过度自信的。当没有反馈或者反馈是模棱两可的时候，女性比男性缺乏自信。股票市场的反馈大多数都是模棱两可的，所以男性注定会更加过度自信。
- 投资者经常因为成功而获得赞扬，这一点男性比女性更甚，所以男性会变得更加过度自信。
- 在财务和金融分析方面，男性会比女性花更多的时间。他们更少依赖经纪人，而且进行了更多的交易。他们比女性有一种更坚定的信念，即回报是可以预测的。比起女性，他们预期的回报会更高。所有这些都使男性变得更加过度自信。
- 无论是男性交易者还是女性交易者，他们都倾向于使其投资组合更加关注那些规模较小且更灵活的股票，但相比之下，女性在这方面做的会少一些。因此，在评估风险后，女性获得的净回报率确实要高于男性。

由此可见，比起男性，女性是更好的交易者，因为她们不那么过度自信。然而，在女性以此为据接管交易前需要记住的是，男性和女性都会过度自信，从而使自己的财富在交易中受损，而男性仅仅是进行了更多的交易。上述研究有力地表明，如果不进行频繁交易，结果对于男性和女性而言都会更好。

下一章将更加详细和具体地介绍过度自信，而且我会提供一些如何应对过度自信的一般策略。

投资要义

行为金融学揭示了一个真实的世界，而不是发展了基于不现实的假设的理论。一项研究表明，90% 的股票交易者的收益都不如买入并持有股票的交易者。问题就在于我们的过度自信，即高估了自己的交易能力。另一个发现则是交易者进行的交易越多，其获得的回报会越少。男性和女性都会过度自信，但是男性比女性更严重。

03

我们为何会过度自信[①]

投资中经常被我们忽视的一点是如何做决策。决策过程中经常伴随着我们意识不到却非常重要的偏差。通常情况下，决策制定是投资者从初学者成长为优秀投资者的最后一步。之前的步骤包括分析、财务/风险管理和投资计划的制订等。[①]

好决策的特征包含两个关键元素。第一个关键元素是发现事实。如果我们已经掌握了所有比较容易发现的事实的话，那么大多数投资决策就会变得更加明智。现在，互联网使这变得更容易实现。我们能够更快速地发现信息，并且寻找到更多的潜在资源。我们越来越能够避免那些因为“信息是现实存在的，而我们却没有花时间去发掘”所导致的投资失败。但是，网络信息的洪流也有以下两个缺点：

- 做研究需要时间，而我们都没有充足的时间；
- 互联网上的一些信息的质量较差，或者只是一些观点，我们必须培养自己对所读到的信息的价值进行评估的能力。

---

① 本章内容主要根据我于 2010 年 10 月在澳大利亚技术分析师协会（Australian Technical Analysts Association，ATAA）全国会议上的发言，以及于 2010 年 11 月和 2012 年 5 月在由亚历山大・埃尔德博士（Dr. Alexander Elder）组织的交易者训练营上所进行的题为《心胜于物》（*Mind Over Matter*）的发言整理而成。

第二个关键元素是要有一定的信心，或者能够认识到我们学识的局限性。显然，除非我们对自己的所知和决策有足够的信心，否则我们无法成为高效的投资者。因为只有这样，我们才有能力在交易中“扣动扳机”。

然而，这种情况往往只发生在初学者身上。一旦我们跨过了这个阶段，我们中的很多人就会陷入过度自信的陷阱。

过度自信是行为金融学研究人员提出的一个术语，用来描述投资决策过程中一种特别危险的偏差。当我们对自己的决策的信心远超过原有程度时，这种偏差就会出现。

过度自信会使初学者苦恼（除了那些真正缺乏自信的人），却很少对那些有经验的投资者产生影响。这是因为有经验的投资者对于自己的所想和所知会更加谦虚。然而，我们对一切都会过度自信。在说明这一点时，我通常会使用以下的小测试。

小测试

请回答以下 10 个问题。所有问题的答案都是一个范围，而不是一个特定的事实。你给出的答案应当是一个范围，而你要 90% 确定正确答案在你给出的范围内。也就是说，你给出的估算范围既不能太窄，也不能太宽泛。请把你的答案写在每一个问题下面的空白处。

1. 澳大利亚大陆的海岸线长度是多少千米？

低：　　　　　　　　　　高：

2. 英国君主的人数？

低：　　　　　　　　　　高：

3. 非洲国家的数量？

低：　　　　　　　　　　高：

4. 莎士比亚创作的戏剧的数量?

低: 高:

5 . 尤利乌斯・恺撒(Julius Caesar)逝世时的年龄?

低: 高:

6 . 元素周期表中天然化学元素的数量?

低: 高:

7. 桉树的种类数量?

低: 高:

8 . 马丁・路德・金出生于哪年?

低: 高:

9 . 在法国–瑞士边界实验室中的大型强子对撞机的长度是多少米?

低: 高:

10 . 从符拉迪沃斯托克到莫斯科的西伯利亚铁路的长度是多少千米?

低: 高:

这些问题的答案可以在本章中找到,请你看看自己有多少个答案在正确范围内。以下是对你的答案的分析,可以衡量你过度自信的程度。

- 如果你有 9 个答案在我们给出的范围内,这表明你具有一些过度自信的特征(大概占总人数的 1%)。
- 如果你只有 3 ~ 6 个答案在我们给出的范围内,这表明你有强烈的过度自信倾向(大多数人都属于这一类)。

过度自信会发生在我们认为自己知道的要比实际多的时候。我们预估的范围越偏离正确的答案,我们就越过度自信于自己对这些事实的认知程度。

过度自信最具破坏性的表现就是我们十分肯定自己知道某些事情,但实际上并非如此，这意味着我们掌握的知识是错误的，而且我们由此得出了错误的结论。尽管如此，我们依然对自己的行为非常有信心，因为我们对我们的错误一无所知。而当这种情况出现在投资过程中的时候，会让我们失去很多财富。

像大多数认知偏差一样，过度自信难在认清自我。因此，我们在了解过度自信这种认知偏差时可以先从观察他人着手，比如：

- 寻求同行来支持自己股票的投资者；
- 对自己所持有的股票总关注有利证据，而否认或者明显忽视不利证据的投资者；
- 不愿意听取不同意见或者倾向于诋毁那些对自己所持有股票表示怀疑的人的投资者；
- 不愿意考虑任何备选股的投资者；
- 在决定购买股票前不愿意考虑备选股的投资者；
- 完全不想精准分析所持有股票的投资者。

这些线索将帮助我们感受到他人的过度自信。我们应当扪心自问，我们过去在同样或者类似的情况下是否也有过同样的认知偏差。这很难，而且也将是对自我形象的一种挑战。这之后的难点则是尝试在实践中审视我们的行为。

然而，过度自信总会潜伏在一些特殊情况中。研究人员进行的一项观察非常引人注目。结果显示，当我们试图对某些难以预估的事情进行预估时，我们最有可能倾向于表现出过度自信。对股票进行估值就是一个很好的例子。

在这种情况下，预估也意味着预测，比如预测一家公司明年的收入或者预测市场指数在一年内的表现，我们在这些投资行为中都极有可能表现得过度自信，这需要引起我们的注意。我们或多或少都会在做预测时表现出过度自信，因为我们倾向于用简单的因果关系来解决困难或者复杂的问题。这不仅意味着我们仍未深入地了解情况，通常还意味着我们依赖的是简单的相关性，而没有经过缜密的分析。

当然，如果两个事物之间有直接且简单的因果关系，那么我们的确定是有道理的。然而，在投资中，我们面对的是一个极其复杂的系统，其中有很多组成部分是很难量化的。而且，这些部分之间的关系会随时间和地点的变化而发生动态变化。事实上，预测未来在任何时候都非常难，因此我们有一种避免问题出现，并且以另一种方式解决问题的方法，我会在本章结尾处给出的投资策略中继续介绍。

研究还显示，当我们对某些事情非常确定时，我们就越可能表现得过度自信；而当我们自认为对某一领域的认识还不够的时候，就不会那么过度自信。实际上，最危险的倾向恰恰是我们自认为完全了解了某些事情。当我们对某些事情完全确定的时候，反而是我们经常犯错的时候。那些不那么过度自信的人经常宣称，他们只对很少的事情表示完全确定，对相反的证据通常持比较开放的态度。好的决策需要两个条件：获得正确的事实，以及认识到我们认知可靠性的局限性。对于任何事情，我们都不应当在核实它之前做出任何假设。

不是所有人都会过度自信，人们只会在一些特定的情况下表现出过度自信，而不会在其他情况下表现出来。过度自信有四个危险区。

第一个危险区是复杂和不确定的情况。当我们因情况过于复杂或者后果很难预料而很难做出某种准确判断的时候，我们很可能会表现出过度自信。上文对于选股和预测业绩的探讨已经提到了这一点。一种重要的方法就是将决策环境量化在 1 ~ 10 分的范围内，1 分表示做出准确的判断非常容易，10 分则表示做出准确的判断几乎是不可能的。分数越接近 10 分，我们就越要加倍小心，因为即使我们尽了最大的努力，我们也非常有可能犯错。

第二个危险区是兴奋。我们周围总是有过度自信的人，而且当我们所处群体的普遍信任度很高时，我们就越可能表现出过度自信。对投资者而言，在牛市或者股市泡沫期的最后阶段常常会发生这种情况。那时，我们周围的一切都在惊呼：我们从未有过如此繁荣的环境，而且只有傻瓜才不从中赚大钱。而当我们很难找到持相反观点的人，或者那些持相反观点的人被诋毁或者忽略的时候，我们就可能会过度自信了。这并不意味着反对者总是正确的，事实上，他们往往是错误的。但是，当所有人似乎都对市场持相同观点的时候，我们就应当质疑自己的自信了。是时候去寻找并评估相反的观点了，要避免让这些观点淹没在那些因轻信这一次会有所不同而被欺骗的群体之中。在这方面，我的座右铭是要提防所有人，包括完全肯定某些事情的自己。这是我作为一位投资者在防范风险并且寻找相反观点，或者以一种防守方式定位我的投资组合时所坚持的一个信念。

第三个危险区是专业知识。当我们面对专业领域以外的事情时，我们更容易表现出过度自信。想想看，我们有多少次听说一些人能够对某个问题的某种简单且看似明显的解决方案表达出明确的观点，而这个问题所属的领域是他们完全不了解的？我们一直在对刚刚参加完某项考试的学生进行研究。在参加完考试后，学生们被要求预估自己的成绩。一方面，那些对于考试内容了解甚少而得到最低分的学生通常会高估自己的分数，而这种情况较少发生在那些比较熟悉考试内容且得分较高的学生身上。另一方面，那些熟知考试内容且得到最高分的学生对自己分数的预估非常接近其实际分数，甚至有时会低于他们的实际分数。这就验证了以下观点，即我们知道得越多，我们越会意识到自己不知道的东西有多少。

第四个危险区是傲慢。在前几个危险区中，当我们成为解决某类问题的专家时，我们就不会那么过度自信了。但是，过度自信是一种微妙的东西，某个领域的专家也容易变得傲慢。如果一位专家发现他的观点经常比其他人正确或者一贯比其他人正确，他们就会因此变得非常傲慢。这意味着他们会变得过度自信，即使是在其专业领域之外的领域。忽略这一点会对一些专家的影响力产生不良影响，而这些专家已经在某一领域取得了一定的成就，并已经成了公众心目中的大师。

为了更好地了解我们在过度自信方面的表现，我们需要找出我们这些普通人会在不知不觉中形成过度自信偏差的原因，并进行认真分析。

第一个会导致我们过度自信的原因是对优越感的错觉，这一点在前文关于傲慢危险区的内容中已经讨论过了。我们中的大多数人会自然而然或者无意识地产生某种程度的优越感。一旦我们意识到了这一点，就很容易在生活中发现它。这种优越感主要通过以下两种方式表现出来。

第一种方式是我们对自己的能力都会有不切实际的乐观估计。我们可以在前文提到的预测考试结果的研究中看到这一点。只有极少数真正的专家会避免。请注意，我说的是“真正的专家”，数量极少。真正的专家的地位是通过客观实践而非他们自己的判断获得的，判断可能只是行动的错觉。顺便说一句，如果你认为自己在某一领域是真正的专家，并拥有卓越判断力的话，那么你必须非常小心，以确保这不是错觉。事实上，如果你认为自己是真正的专家而拥有优越感，那么有可能你真的不是一位真正的专家。真正的专家对于自己的专业水平总是持怀疑态度的。

第二种方式是我们都会对未来有不切实际的预估，这意味着我们都倾向于认为自己会做得很好，而其他人会陷入困境，即使没有任何证据来支持这种想法。一个简单的实验可以证实这一点。这个实验已经被学术界重复多次，却可以复制到任何不知道我们为什么会问这个问题的群组中。让某个群组做一些简单的事情，比如请他们把自己开车的速度记录下来，并与群组中的其他人进行比较，要求他们评估自己的速度是高于还是低于平均速度。每次，总有超过一半以上的群组成员认为自己会超过平均速度。但实际上，群组中有一半成员必然会低于平均速度，而且只有一半成员会高于平均速度。这样的实验可以在不同的情况下使用不同的问题进行，却总会得到相同的结果。

对我们来说，消除优越感错觉的最佳方法就是要意识到，有一半的群组成员是不会高于平均水平的，这一点也适用于我们自己。因此，当我们认为自己会高于平均水平时就需要保持警惕。

第二个会导致我们过度自信的原因是控制错觉，这种错觉每天都陪伴着我们。每当发生不幸的事情时，人们总是倾向于责备他人，只有极少数人会本能地判断出有些事情的发生仅仅是一个意外。大多数人都深信，我们能够控制或者应当有能力去控制那些随机事件的发生。这种控制错觉来源于我们所有人都具有的两种强烈倾向。

第一种倾向是，我们总认为我们可以完全掌控自己的命运。换句话说，我们认为我们完全能够规划和塑造我们想要的生活方式，或者至少可以比别人做得更多。但只要仔细想一想就应当摒弃这种想法，因为我们都会受到命运的左右，比如灾难、战争和经济衰退等都不在我们的控制范围内。这是一种理性的思维方式。而认知偏差的问题在于，它是一种非理性思维，而且还被其他相同的、普遍存在的非理性观点所强化，这在我们当前的社会中随处可见。

第二种倾向是，就像前文所讨论的那样，我们都容易对自己的决策能力产生强烈的优越感。我们同样会无意识地认为我们可以比其他人更好地规划自己的生活。这又强化了我们完全能够掌控自己命运的想法，并因此形成了控制错觉。

一种有效消除控制错觉的方法就是经常提醒自己，偶然事件或者保险行业经常提及的“不可抗力”确实会发生，而且发生的概率远远超出我们的想象，因为我们总是忙于寻找替罪羊。我们要努力养成假设不幸的事会经常发生的习惯，除非有确凿的证据证明可以归责于他人。同样在生活中，我们要慢慢承认，某些事情的顺利发展是因为我们自己管理得好或者我们能够让其发生，而不是因为好运气。

第三个会导致我们过度自信的原因与我们有限的想象力有关，这一点在投资中尤为明显。我们所做的每一笔投资都会受到对形势的评估以及对可能出现的所有情况的判断的驱动。在理想情况下，我们会对这些情况的发生概率进行评估，而且一旦它们发生，我们还会对利润或者损失的严重程度进行评估。然而作为投资者，我们很少有人能够在这种实践中获得成功。我们往往会认为自己所做的投资是绝对没有问题的。在一定程度上，这是我们的希望，但是在潜意识中，我们往往相信自己已经想到了可能发生的所有情况。问题在于，我们在投资中表现得非常不好。如果你质疑我，那么你只需要想想自己有多少次完全震惊于某件事情的实际情况，它的发生完全超出了你的想象。这种情况我遇到过多次，而且多年来我一直在努力战胜它。

2009年，我曾经与一位投资者交谈过，他因投资投机性股票而在金融危机中损失惨重。他告诉我，他从来没想到市场会在2008年下跌到如此水平。我一边看着他，一边想，他似乎还生活在20世纪70年代。于是我问他，他为什么认为他最后一次经历这种情况是在1974年。他的回答是那时他并没有关注这个市场。他没有太多能力去想象所有可能发生的事情，因为他的记忆或者过去的经历很少。当然，有限的想象力是很难改善的，但是如果我们事先做好准备的话就会好很多。

阅读历史并且花时间去思考有助于我们改善想象力。我喜欢把我认为可能发生的最坏的事情制作成一张清单。然后，我会写下一件更糟糕的事情，尽管我本能地认为它不可能发生。多年来我一直都是这样做的，20多年前，这曾给了我极大的帮助。我曾经制作了一张可能发生的投资灾难的清单，其中一条是市场在一天内下跌了14%，这是我听到过的最糟糕的事，它发生在1929年的华尔街。我相信还有更糟糕的事情，但它具体是什么我还不知道。于是我问自己：如果市场在一天内下跌了28%该怎么办？我试着想出了一个原因：也许一场大的战争开始了。然后我开始思考，如果出现这样的灾难，我应当如何构建和管理我的股票投资呢？我在心里一直想着面对这种情况我要做出什么反应，因此当我面对那些自己既无法清晰思考，也无法果断行动的情况时，我没有陷入震惊和恐惧，因为我已经在心中预演了很多次。灾难发生在1987年10月。一天早晨，当我醒来时，华尔街的股票指数已经比前一天下跌了约25%。我对自己在那时表现出来的镇定感到吃惊：我知道如何做，我按照原计划在第一次反弹时卖掉了手中的所有股票，然后静观事态的发展。

第四个会导致我们过度自信的原因在行为金融学研究中被称为确认偏误。在本章中，我关注的是过度自信偏差。但是，这种偏差并不是独立于其他认知偏差发生的。过度自信是其他偏差（行为金融学家已经对它们进行了充分研究）相互作用的产物，而其中对过度自信影响最大的认知偏差就是确认偏误。

投资中的确认偏误是这样的。由于某种原因，我们注意到了一只股票。比如，我们可能在媒体上读到了一篇关于这家公司的正面报道，或者有人给了我们提示。我们快速了解了这只股票，而且它看起来似乎还不错。我们可能有一些积蓄可以用于股票投资，所以我们决定买入它，却也意识到先要做一些研究。这时，我们可能会无意识地使用一种或者两种方法来研究它。

我们可能使用的第一种方法是向我们的朋友征求意见。有些人会自称不了解，但有些人会因为某种理由对股票持积极态度，而其他人则持消极态度。对于那些持积极态度的朋友，我们乐于与他们展开探讨，因为这强化了我们对这只股票的信心。而对于那些持消极态度的朋友，我们可能会忽略他们或者与其展开争论，以此努力强化并坚定我们的想法。我们想要的只是确认，而不会理会或者试图怀疑令人不满意的相反意见。

我们可能使用的第二种方法是找出事实以及从股票分析师那里获得专家意见。我们会很不自觉地去寻找证据，并花费大量时间来确认证据，却掩盖了我们遇到的所有反面证据或者令人不舒服的观点。而且，当我们拿到的证据或者听到的意见可能与我们先入为主的意见发生冲突时，我们会将这种情况解释为它们实际支持着我们先入为主的决策。如果我们对此保持警惕的话，就随时会在生活中遇到这种情况。新闻节目本身是中立的，我们发现不同的人会用它来支持相反的观点或者论据。

确认偏误非常常见。在本章结尾处，我会提供一些针对它的策略。现在，每当我们发现自己对某件事有一种强烈的看法时，我们需要尝试阻止自己将其锁定为唯一的可能性。除非我们努力证明它，否则我们没有更好的选择。当我们认为只有一种明显的选择时，那么在全身心投入之前，强迫自己想出至少一种可能的替代方案是一个好主意。令我吃惊的是，当我让自己这样做时，效果是非常明显的。我的第一选择不再是确定不变的，而且我能够做出更好的判断。

同样，如果一切看起来都很美好，而且没有消极因素的话，那么我们就还没有开始正确地看待问题或者提出正确的问题。有这样一个关于通用汽车高管层会议的故事。在那次会议上，所有人都对首席执行官的提议表示了同意。于是，首席执行官把他们都打发走了，直到他们能够拿出一个可能的反对意见为止。优秀的投资者经常说，那些花费了大量时间以及最难做出的决策往往是他所做出的最佳决策。投资就是在评估风险。当某种情况非常确定时，那么利润可能很低。然而，当有很大的不确定性时，如果我们做出了正确的决策，那么利润可能是非常高的。

第五个会导致我们过度自信的原因是被人们熟知的选择性记忆，它不那么显而易见，却会在更大程度上影响大多数投资者。

我们都会对自己所做过的投资进行选择性记忆。比如，我们会记住那些给我们带来巨大收益或者良好收益的投资。这些投资是我们不自觉就能记住的，而且我们还经常会向他人提起。反复讲述这些最好的投资故事也会强化我们的记忆。

另一方面，我们做的一些投资会出现亏损或者收益非常不理想。无论你多么优秀，这在投资中都是不可避免的。也许是为了保护自尊心，我们不愿意记住或者不愿意向他人提起这些投资。想起或者提起它们是非常痛苦的，所以我们总会选择性地忘记它们。

结果就是我们形成了有选择性的记忆，我们记住了成功，却过滤了失败。现在，我们的记忆是非常不均衡的。因此，我们就产生了一种相当不切实际的想法：我们是优秀的投资者。这尤其强化了对优越感的错觉和控制错觉。

在投资中，与选择性记忆有关的是，我们中的大多数人都没有保持良好的业绩。我们没有记录或者好好了解我们之前的投资业绩，我们记住的往往是成功，而不是失败，这通常意味着我们会低估下行风险，而使我们面临比原本更大的风险。尤其是当我们的投资组合多元化不足时，我们往往会高估自己的选股能力。

幸运的是，我们有应对选择性记忆非常好的策略，我将在本章结尾介绍。

与过度自信有关的另一方面是我们对预估的确定性及其准确性的质疑。研究人员已经对此进行了研究，他们发现专家和普通人在这一点上是相似的。研究人员通常会提出一系列问题。比较重要的是研究对象对其答案的确定性。由于这些问题都有一个明确的答案，所以很容易比较出答案的确定性和准确性。以下是几种典型的研究结果。

- 当研究对象对其答案 100% 确定时，他们的准确性往往只有 80%。
- 当研究对象对其答案 90% 确定时，他们的准确性往往只有 75%。
- 当研究对象对其答案 80% 确定时，他们的准确性往往只有 65%。

……

研究结果表明，不管被问及何种问题，我们对答案的确定性通常高于实际的准确性。这表明，我们在所有方面都会表现出过度自信。研究还表明，在其所在领域备受质疑的专家并没有得到明显高于非专业人士的分数。这些结论提醒我们，当我们感觉自己在某一领域的水平高于平均水平时，我们就应当注意过度自信的问题了。

研究人员还提醒我们要注意知识错觉的问题，这是我们都会过度自信的另一个原因。研究人员发现，知识错觉在经验丰富的专家和普通人身上都是普遍存在的。

斯图尔特·奥斯坎普（Stuart Oskamp）以该领域有经验的临床医生、研究生和本科生为被试进行了一项著名的实验。这些被试从研究人员那里得到了一些来自实际案例的信息，并被要求根据这些信息做出判断。与此同时，研究人员还会询问他们对其判断的准确性有多大信心。在各阶段，他们每一次都会获得更多的信息，研究人员也会反复询问他们的判断及其信心。

实验结果令人惊讶：有经验的临床医生、研究生和本科生的表现差异很小。随着被试获得了更多的信息，他们的自信水平从第一阶段的 30% 上升至第四阶段的 50%。然而，他们判断的准确性却从第一阶段的 27% 下降至第二阶段的 23%，虽然第三和第四阶段有所改进，却也只有 29%。由此，研究人员得出的结论是，当我们拥有更多的信息时，我们对自己做出的判断会变得更加自信，而准确性却出了问题。

这项实验与其他很多实验一样想要告诉我们，专家和普通人有一种共同的错觉，他们都认为更多的信息会提高判断的准确性。

所有人都认为信息越多越好，可这是一种错觉。当难以做出某种决策时，我们的本能是去寻找更多的信息，因为我们认为这会使决策变得容易一些。然而，我们的直觉出了问题，因为更多的信息可能意味着有不好的信息。在任何情况下，即使其他信息也是好的，甚至比原来的还好，它也可能无法帮助我们做出更好的判断。重要的不是我们拥有多少信息，而是我们要知道推动形势发展的是哪些因素。换句话说，重要的不是信息本身，而是我们能够用这些信息做些什么。总之，更多的信息通常会提升我们的自信，却无法提高我们的判断能力或者决策能力。

另一种常见的容易导致过度自信的认知偏差是可得性偏差。我仍对我第一次经历“尤里卡时刻”（eureka moment）的感受记忆犹新。对我而言，这是非常有意义的时刻，但是那时我却无法认清它。

可得性偏差会在三种情况下发生。这三种情况会对我们造成很大的影响，并在无意中让我们做出违背概率原理的判断。这三种往往会瞬间占领我们大脑的情况是：

- 发生在我们自己或者我们身边人身上的事；
- 非常令人震惊或者以某种图像表现并被媒体反复报道的事；
- 发生在近期而不是很久以前的事。

我们很容易记住或者想起这些事，因此被称为可得性偏差。可得性偏差会导致我们做出错误判断的原因有以下三个。

1. 我们的样本规模太小。由于我们只是看到了很小一部分，所以我们无法应用概率原理。假设有人问我选择搭乘汽车还是飞机旅行会更安全。为了评估汽车或者飞机发生事故的概率，我们必须知道每种交通工具发生事故的准确数字以及搭乘每种交通工具所需要的千米数，这样我们才能够判断出每种交通工具发生事故的概率。然而，飞机事故会被媒体广泛报道，而大多数汽车事故不会。因此，大多数人认为搭乘飞机旅行比搭乘汽车旅行更危险，而事实却是相反的。

2. 我们的记忆可能与其他人不同。我们记住的只有那些最近发生的或者非常具象的或者只涉及我们自己的事，所以我们就会认为它们更重要。当我们向其他人讲述其中的一件事时，他们的反应可能会与我们截然不同。因为他们对类似事件的记忆是不同的，所以他们在其脑海中看到了不同的画面。
3. 我们在不停地思考真实的概率。“9·11”事件之后，很多美国人害怕搭乘飞机，而在长途旅行时选择汽车。然而那天，在大约14 000个航班中只有4架飞机被劫持，而且美国已经很多年没有发生类似的事件了。人们已经被媒体上反复出现的图片和报道洗了脑，即使那些在其职业生涯中频繁使用概率的人也在不停地评估实际概率。此时，情感已经完全压倒了理智。

投资要义

我们都容易过度自信。我们认为这类问题会发生在他人身上而不是我们自己身上，但这本身就是一种过度自信。自信源自我们对优越性的错觉、能够掌控随机事件的发生并且能够比他人做出更好规划的天真想法、有限的想象力、在发现事实和决策过程中的确认偏误、选择性记忆、对于某些事情的确定性超过了其准确性、掌握更多信息会提高决策能力的错误想法以及可得性偏差。这份清单很长，它强调了过度自信在我们的生活中无处不在，特别是在投资过程中。

我们仔细审视了过度自信，了解了导致过度自信的原因及其会带来的问题。如果我们想要成为高效投资者，就必须了解和克服它。

投资策略

1. 我们不能仅依靠很少的样本数据就做出投资决策，这一点我们必须格外注意。资本市场上有大量通过基本面分析和技术分析得出的观点，而它们都没有像其他学科普遍要求的那样以科学和严谨的方式被证明。我们无法验证我们可能应用的所有观点，但是有一个简单的方法将有助于避免小样本问题，那就是努力尝试回答以下问题：

- 这种模式或者想法发挥过多少次作用？
- 这种模式或者想法失败过多少次？

我们应当做一些有意识的尝试，比如当我们无法完整地认知某一事物或者没有统计数据证明该事物在何时或者有几次是正确或者错误的时候，我们不要拒绝接受该事物。无论我们对问题的回答有多么模糊，我们只需要更谨慎地按照某种模式或者观点来解决问题，这将在一定程度上降低我们过度自信的影响。

2. 我最喜欢而且也是最有效的策略之一就是确保在形成观点并付诸行动之前，我们要从积极和消极两方面去审视所有的投资决策。这非常有效，尤其是当我们十分确定要买入某只股票的时候。我们不应当买入某只股票，除非我们了解有人将其卖给我们的原因。执行这一策略有两种方法。

第一种方法是确定利弊。这是一种很古老的方法，每个人在上学时都应当学过。拿一张纸，在中间画一条线。一边是“利”，另一边是“弊”。在两边写下我们知道的所有理由。如果我们有大量的理由支持我们的决策，而很少有或者根本没有反对的理由，那么我们就有过度自信的问题。理由是不均衡的，我们很有可能会做出十分糟糕的决策。我们应当强迫自己去思考为什么有人会选择成为我们所提议的交易的对手方。如果我们找不到原因，我们就需要向其他人寻求帮助。在大多数情况下，我们只有权衡利弊才会做出更好的决策。也许我们经常会按照我们一开始的想法来做出决策，但是我们可以留意那些因缺乏研究和思考而导致的过度自信，这样做往往能够帮助我们避免巨大的损失。

第二种方法是寻找一个唱反调的人。作为投资者，当我们发现只获得了支持投资的建议时，我们可能会尝试寻找那些能够并且愿意对交易提出反对意见的人。一旦有了支持和反对这两种观点，我们就能够权衡它们并做出更好的决策。

这两种方法的核心思想是成为一个怀疑论者，并实践逆向思考的方法，比如当我们可能采用被人们普遍接受的想法时，我们就要尝试去反驳它。当我们周围的所有人似乎都认为这一次将有所不同时，这才是最有效的。对于投资者来说，避免人云亦云是非常重要的。在本书的第二部分中，我将对此进行更详细的论述。

3. 培养和形成质量胜于数量的意识，即专注于重要的事情，而不要在那些不会对决策产生实质影响的事情上浪费太多的时间和精力。方法就是广泛阅读和学习基本面分析和技术分析，要为我们的投资确定基本面分析中的关键比率，同样，要确定对我们的投资方式起关键作用的图表或者数学指标，然后主要关注它们即可，比如动量、相对强弱指数、随机指标和指数平滑移动平均线等动量指标。如果我们的投资方法需要一个动量指标，我们就需要通过测试找到一种最适合的并使用它。

下一步是不要只关注一只或者几只股票，这是前文讨论的小样本问题的另一方面。相反，要让我们关键的基础标准和技术标准适用于大量的投资机会，并从中选择最好的标准进行深入研究。我深知，永远不要爱上一只我很熟悉的股票。在面对熟悉的股票时，我会更加谨慎。

4. 考虑每一个关键因素。这是上述策略的一个延伸策略，上述策略关注的是对于某次交易或者某只股票来说什么是重要或者关键的。如果我们决定仔细研究一只股票，就可以使用一项广为人知的技术，即SWOT分析法①，这种方法适用于分析和评估一笔特定的投资。这是一种可以让我们审视交易的每一个重要影响的方法。

一旦我们了解了某笔交易的优势、劣势、机会和威胁，我们就有可能为投资做出更好的决策，而不是依靠有限的信息和不成熟的想法在黑暗中摸索。如果采用SWOT方法还是很难形成一个清晰的观点的话，那么还可以使用第二个策略中提到的方法。

5. 所有优秀的投资者都保持着良好的记录，特别重要的是要衡量我们当前和过去多年的投资业绩。计算和持续监控我们的回报率将帮助我们更好地克服因对

① SWOT分别是优势（strength）、劣势（weakness）、机会（opportunity）和威胁（threat）四个英文单词的首字母。——译者注

成功形成的选择性记忆而形成的过度自信。比起我们想得到的资本回报率和适当的市场基准，我们更应当时刻知晓我们的绝对回报率和相对回报率。对于投资者来说，在假设股息再投资的情况下，最合适的基准是一个总回报指数（在澳大利亚，人们称其为累积指数）。

6. 另一个解决过度自信问题的有效策略是：我会记录下我所做的每一笔投资以及当我决定买入某只股票时所知道的东西，我还会记录下我的每一个投资决策。为了避免事后偏差，及时记录是很重要的。当我最终卖出股票后，我会评估我的决策和行动对我的投资计划产生的影响以及我应当从中吸取的教训。

7. 如前所述，我们在对某事进行预测时尤其容易过度自信。当我们对未来表示担忧时，我们的本能是寻找可以预测未来的人。我们在不知不觉中变得焦躁不安，而且周围人的表现也强化了这种感受。然而大量研究表明，人类在预测未来或者预测大多数事情方面表现很差。

当我们进行公开预测时会产生一个与预测有关的问题，这就是确认偏误的一种报复行为。我们寻找确凿的证据来保护自我，而忽视或者怀疑反证。我们失去了客观性。

我解决这类问题的方式解释起来很简单，却需要一段时间来习惯：

- 我会自己制定投资目标和策略；
- 我会分析市场情况；
- 我会根据市场情况对我的策略进行微调；
- 如果市场情况发生变化，我会调整我的策略。

这是一种强大的哲学，我将它推荐给所有希望获得进步的投资者。我不会浪费时间来阅读或者倾听预测，我会使用将在本书第二部分中提到的逆向思考原则来对待我听到的所有东西。

小测试的答案

1. 澳大利亚大陆的海岸线长度：35 877 千米
2. 英国君主的人数：66
3. 非洲国家的数量：54
4. 莎士比亚创作的戏剧的数量：37
5. 尤利乌斯・恺撒去世时的年龄 :55 岁
6. 元素周期表中天然化学元素的数量：98
7. 桉树的种类：734
8. 马丁・路德・金的出生年份：1483 年
9. 强子对撞机的长度：26.659 米
10. 从符拉迪沃斯托克到莫斯科的西伯利亚铁路的长度：9289 千米

04

心理账户偏差：合理化糟糕的投资行为

有一次我曾被问到这样的问题：要想投资成功，最重要的事情是什么？但是这位提问者说他不想听到任何关于情绪控制的内容。从他的反应中，每个人都会立刻意识到，他在回避他在投资过程中的情绪控制问题。实际上，我们很容易看出，这位投资者正处于成为成熟投资者所必经的三个阶段中的第二阶段。我从市场奇才和交易教练范·撒普（Van K. Tharp）那里了解了这三个阶段。他对这三个阶段的重点关注告诉我们，投资和交易获得成功完全要靠我们自己。

在第一阶段，初学者在寻找技巧，比如买什么股票以及在何时买入和卖出。他们正在寻找一位能够指导他们行动的大师，他们寻找的是自己无法想到的解决投资问题的方法。他们需要做的是承认以下两点，即他们之前提出的问题是微不足道的，以及如果他们学会自己做决策，那么他们更有可能成为成功的投资者。

在第二阶段，新手投资者开始意识到需要学习自己做决策。这时，他们开始寻找完美的投资方法。他们中的大部分人都在寻找一种能够决定买入哪只股票以及何时买入的方法。通常，初学者会尝试使用很多从书上或者研讨会上学到的方法。然而，这些方法最终都没有让他们实现盈利。原因就是没有一种完美的方法可以保证让他们在投资中不受损失，所以他们的寻找是徒劳的。问题在于他们对完美方法的研究仍然是一种向他人寻求解决方案的练习。

在第三阶段，这些一直在坚持的投资者逐渐会意识到要想投资成功，最终还是要靠自己。他们领会到，投资结果最终还是取决于自己如何做出决策，而不是靠那些来自外部的方法。换句话说，他们意识到，他们的盈利或者损失都是其行为的结果，而且他们可以通过改变自己的行为来提高业绩。

既然投资成功取决于我们的决策质量，那么为了做出好的投资决策，我们在制订投资计划时就需要建立一套完整的规则和指引并严格遵循，以做出明智的判断。投资计划中的这些规则和指引包括何时买入、何时止损、何时获利以及每笔投资想要获得的盈利额。我们如何严格遵循这些规则和指引取决于投资计划与我们的知识、技能、经验、信念、风险承受能力和个性的匹配度。最重要的是，它取决于我们的决策能力，否则我们可能认为我们非常完美地完成了自己的计划，而实际上却很糟糕。

这表明，投资实际上只是一种在我们的脑海中发生的行为。我们的投资结果取决于我们如何很好地管理我们的情绪以及如何在做决策时避免认知偏差。避免认知偏差的第一步就是意识到它们是存在的。

很多初学者甚至不知道这些问题的存在。当他们开始意识到这些问题并承认自己出现过这些问题时，他们就抓住了重点，正如一个醉鬼或者赌徒已经认识到问题出在自己身上。只有承认自身存在的问题，我们才能够掌控投资的成功。

如果你受到诱惑而认为你没有否认一些问题，那么你可以仔细思考一下我在 2000 年澳大利亚技术分析师协会年会上进行演讲时所获得的反馈。我介绍了特伦斯·奥迪恩关于过度自信的研究。结论显而易见：虽然男性和女性都容易过度自信，但男性在股票交易方面过度自信的表现比女性更为明显。作为演讲者，我从现场大多数男性听众的反馈中了解到，他们虽然希望听我继续演讲，但是希望听到其他方面的话题。显然，他们对上述结论予以否认，因此不愿意听到我所传递的信息。

罗兰德·巴瑞克（Roland Barach）在其《88种股市陷阱》(*Mindtraps*)一书中概述了88种常见的会影响投资成功的心理陷阱。巴瑞克强调，这些心理陷阱不是因低智商形成的，因为最聪明的投资者也容易犯这些错误。相反，这些心理陷阱产生于认知偏差，而这些认知偏差来自我们的决策。

其中一种认知偏差被称为心理账户（mental accounting）。我们会在心中对事物进行分类，以应对复杂的世界。而这样做会让复杂的事物简单化。心理账户在很多方面是非常有用的，特别是在按照独立预算控制支出方面，因此它常被用于商业和个人理财领域。然而，它也可能会让我们做出糟糕的决策，我们可能会因用自己的方式定义事物而被蒙蔽。

像很多常见的启发法一样，这种按照类别或者科目给事物下定义的方法在解决生活中遇到的很多问题时都是很有用的，但是同时也会让我们产生认知偏差。我们常常会把同一事物归入两个或者更多的心理账户。结果是，虽然每个类别中都有相同的事物，但是我们心中却认为它们是不同的。心理账户很常见，在投资中却是非常致命的。

经济学家理查德·塞勒（Richard Thaler）举了一个很好的例子。假设一对已婚夫妇正在为五年后能够购买一间度假屋而存钱。目前，他们已经存下了10万美元，利息是4.5%。他们的车坏了，而且无法修理，所以他们需要买一辆新车。他们贷了2.5万美元的款，利息是9%。

如果不涉及个人和情感因素的话，我们可以看出，这明显是个不明智的决定。显然，这对夫妇应当使用存款中的2.5万美元，这样他们可以只花费利息的4.5%，并继续把用于弥补购买汽车花销的收入存入储蓄账户。如果此时你发现自己想支持这对夫妇的决定，那么你可能是在否认这个认知偏差，所以请继续往下读。

至少他们不使用存款的部分原因是他们已经对其进行了分类：储蓄账户中的钱是用来买度假屋的，而用来偿还购买汽车的钱来自他们的收入。然而，这仅仅是心理上的一种分类。显然，美元与美元之间没有任何区别。

当然，这对夫妇可能说他们的决定是合理的，有时候他们很难存下钱，因为他们可能发现，一旦他们开始花存款，就有可能把用于还贷的钱都花掉而无法存下来。很明显，这是他们对保护其心理账户所做的一种合理解释。我们发现，他们在为购买度假屋而存钱时会使用同样的机制，认为每个月本应存入储蓄账户的工资是用来偿还债务的。如果他们真的想要通过储蓄来购买一间度假屋用于退休后居住，那么他们就应当把购买新车的钱都存下来。

对钱进行分类从而划入不同的类别或者账户不仅会让人们在不同的情况下对钱产生不同的认识，而且还会让人们采取不合逻辑的行动。一旦我们意识到钱是可以互相替代的，就意味着每一美元都是一样的，我们就能够开始克服心理账户偏差，并做出更合理的决策。

在市场中，我们随时会遇到心理账户偏差，比如经常有人讨论用一些不同于其他钱的钱来冒更大的风险。我们都听过人们用以下说辞来合理化他们承担高风险的行为："我们能够承受这些钱的损失。"让我们来思考一下。如果他们有"承受得起损失的钱"的钱，那么他们就必须有"承受不起损失的钱"的钱。然而正如我们所看到的那样，钱是可以互相替代的，所以他们把一些钱与其他钱区分开，实际上是为了使其糟糕的投资行为合理化。

我经常遇到的另一个例子是人们愿意用他们称为"市场的钱"来冒更大的风险。这在赌场上更为常见，即用"赌场中的盈利"来冒险。这是一个很常见的心理账户的例子，然而大多数赌徒都没有意识到这一点。

有时，我会教人们一些判断某种趋势的简单方法（如 ABC 学习系统、Allco 等）来避免被持有的股票套牢。我会为听众展示一张图表，让他们假设持有这只股票。在大多数情况下，图表起初会呈现上涨趋势。然后，图表逐渐呈现下跌趋势。当我为他们讲解价格走势如何展开时，他们会告诉我他们将何时卖出股票。

不久之后有人说，他卖出股票的时间将取决于他是以什么价格买入的。这位投资者的观点是，如果有很好的盈利，而下跌只会造成一部分损失的话，那么投资的损失情况就会有所不同。这位投资者所表达的意思正是他用“市场的钱”投资与用“自己的钱”投资是不同的。

这是一个很好的例子，我们可以从不同的视角来看待它。我刚刚描述的可能是投资新手的观点，而成功的投资者的观点则完全不同，他们认为投资的任务是用投资账户中的钱来盈利，买入股票后再以更高的价格卖出就是其中的一种方法。

假设凯西和西蒙都以 1 美元的价格买入了一只股票。随后，该股股价涨至 2 美元。此时我问他们利润是多少，他们都会说利润是 1 美元。

凯西在 2 美元时卖出了该股，而西蒙没卖。这时股价开始下跌，西蒙在 1.8 美元时卖出了该股。于是我又问他们利润是多少，凯西说是 1 美元，而西蒙说是 0.8 美元。我问了汤姆同样的问题，相比第一次我问他时，他损失了 0.2 美元，但他说：“不，我没有损失，这仅仅是‘市场的钱’。”他没有认识到，比起我第一次问他时，他已经重新定义了盈利。

为了说明这一点，我们可以假设汤姆在 2 美元时买入了该股，而在 1.8 美元时卖出止损，那么他会承认他损失了 0.2 美元。但是情况却是一样的：在第一种情况中，他在 2 美元的时候买入了该股，而在 1.8 美元时卖出了它。但是，由于在第一种情况中他已经将意外获得的盈利视为“市场的钱”，而没有看到股价从 2 美元跌至 1.8 美元时自己的损失。

重要的是，我们需要知道，我们可能在无意中让认知偏差以多种方式影响了我们的投资业绩。成功的投资者知道，他们的账面利润就是他们的钱，应当像从银行账户中取出存款进行投资那样来谨慎地使用这些钱。

很多年前，我曾听说过一位交易员的故事。当他赚到很多钱时，他强迫自己把这些钱存入银行账户，而不是进行再投资，直到他习惯了拥有它们！虽然他赚到了钱，但这只是暂时的。就像赌场中的赌徒一样，他们不太在意从赌场中赢来的钱，而愿意用这些钱去冒更大的风险。

投资要义

投资成功取决于我们决策的质量。我们经常在心中对钱进行分类或者将它们归入某个账户，想要使问题简化，这通常被称为“心理账户”。在投资中，我们为自己创建的分类或者“心理账户”往往包括“承受得起损失的钱”和“承受不起损失的钱”，以及“市场的钱”和“自己的钱”。成功的投资者对所有与其投资相关的钱都会一视同仁，包括那些未实现的利润。

投资策略

1．重新评估每一笔投资的价值，就像今天要卖掉它一样。不要关注你的买入价格或者你投资的数额。重点关注现在的价格和价值，并记录下来。

2．每年重新记录。把你在上一年年底持有股票的价格和价值作为你的成本，这有助于你将你所有的收入都当作自己的钱。如果股价在新一年出现了下跌，那么看起来你可能遭受了损失，而且你要加倍小心。这样做还有助于你加深对以下问题的思考：在你获得收益之前，该股已经上涨了多久？如果你 10 年前花 1 美元买了一只股票，它现在的价格是 5 美元，那么这 4 美元的利润何时能成为你的钱？

3．每日或者每周把你投资组合的总价值制作成一张图表，这样你就可以看到它的发展情况以及相对于之前的高点，它下跌了多少。

4．随时从自己的投资表中去掉一些利润。我的标准是，当我持有股票的价格上涨了 1 倍的时候，我就会卖掉一半，把利润从投资表中拿走，进行原始投资。虽然这样做还与重新平衡投资组合的多样化有关，但仍然有助于对抗心理账户偏差，即认为利润是“市场的钱”而不是“我的钱”。

5．每 6 个月为你的投资组合写一份报告。从你将自己的投资组合作为“我的初始财富”时开始，加入股息和收到 / 应计的利息，增加 / 减去资本收益 / 损失。这会让你得到一个总数，即你所谓的“我的最终财富”。这将有助于你认识到你投资组合的所有现值都是属于你的，而不是市场的。

05

我们为何会习得不良的投资行为

当我们投资股票时，我们希望它的价格会上涨，这样除了股息之外，我们还会赚到一大笔资本收益。投资者主要有两种方法来实现上述目标：高风险方法和低风险方法。

高风险方法是高买高卖，这种方法在市场存在很大泡沫的情况下是有效的。然而，它的原理与抢椅子游戏的原理基本相同：音乐迟早会停止，而大部分股东都将持有几乎无价值的股票。这也通常被人们称为“博傻理论”，因为它的成功依赖于一个人要找到比他更傻的，并且能以更高的价格购买其股票的人。

低风险方法是低买高卖。我们投资什么股票并不重要，除非我们在价格低时买入，在价格高时卖出，否则我们难以持续盈利。这就是像沃伦·巴菲特和约翰·邓普顿一样伟大的价值投资者在其职业生涯中所做的事。

然而，当我们开始学习投资方法时，我们中的大部分人都没有这样做。相反，我们会做一些似乎令人很费解的事：我们一直在以高价购买股票。我们不会故意这样做，但情况往往是当我们发现了一只好股时，其价格似乎没有上涨的趋势。通常，我们会等到它的价格开始上涨。然后，我们认为太晚了，所以会继续等待。然而价格在不断上涨，最终我们觉得自己再不买入的话就错过了。可事实证明，我们最终是在高点买入，并且以亏损收场。好像在哪里听过这样的事情吧？大多数投资者在投资生涯早期都做过这样的事情。我们一次又一次地在价格高点处买入某只股票，即使我们对它很熟悉，并且认为有机会在它便宜得多的时候买入。不仅如此，我们也非常不愿意在股价下跌时买入、在股价上涨时卖出。

我们很多人也会反复做其他很多事情。我们会买入自认为好的股票，却选错了时间或者以非常高的价格买入。然后，股价会因为某些问题或者市场进入熊市而出现下跌。最后，我们在亏损的情况下卖出了股票。后来，我们发现了一些看似很有趣而价值被低估的股票。然而，由于过去有了高价买入的经验，这次我们又不会投资这类股票。

为了找到答案，我们开始求助于专家。可是，很多所谓的“大师”只会嘲笑恐惧和贪婪。虽然确实有恐惧和贪婪，但他们只是告诉我们，我们是贪婪或者恐惧的，却很少帮助我们纠正错误的投资行为。纠正我们不当行为的第一步是培养对行为形成过程的认知。一旦我们能够认识到行为压力，我们就可以开始制定策略来对抗它们。

当我们需要做出决策，特别是像买卖股票这样有风险的决策时，我们就会遇到类似的情况。我们以前也会做出类似的决策，结果要么是被奖励，要么是在情感上受到了惩罚。我们也会被我们看到的其他人的做法及其结果影响。

专家将我们在以前经验中学习的过程分为强化（当我们得到积极奖励时）或者惩罚（当结果消极时）两类。当我们通过观察他人进行学习时，专家将此称为替代性强化（vicarious reinforcement）或者替代性惩罚（vicarious punishment）。要想了解这些学习过程是如何破坏你付出的努力的，你可以读读以下这些故事。

帕特花 1 美元买入了一只股票。她是一个大忙人，根本没有时间经常关注这只股票的价格。几年来，股价稳步上升。每当帕特有一些闲钱时，她就买入一些。当她继承了一小笔遗产的时候，她的股票已经涨至 15 美元了。帕特没太注意股票市场的高位，她很可能会把遗产投资给同一只股票。

就在帕特买了她第一批股票的同一天，克里斯用 1 美元买入了同一只股票。与帕特不同的是，克里斯总是密切关注股价，并在第一个月就发现价格涨至 2 美元。克里斯用获得的利润买了一辆新车。当克里斯拿到年终奖时，他再次以 2.5 美元的价格买入了一些。他非常有可能在一个月左右的时间里再次迅速获利并花掉它。后来，当他赚更多钱时，他会再次以更高的价格买入这只股票。

萨姆买入了一只生物技术类股票，他没有意识到，这只股票的价格已经超过了 3 美元。买入后不久，股价开始跳水并跌至 2 美元。萨姆感到很害怕，他眼看着他的资产价值在逐渐减少。碰巧，该公司发现了一种常见疾病的新型治疗方法，股价飙升至 9 美元。萨姆卖出了股票，获得了 300% 的利润。一位朋友推荐了另一只前景良好的生物技术类股票，这只股票的价格更高。萨姆非常有可能会买入并继续持有，即使其价格跌至他的购买价以下。

佩塔就职于某专业机构，她的同事总是吹嘘自己因为买入了互联网相关股票而获了利。佩塔虽然觉得这是有风险的，但她越来越有兴趣。随着时间的推移，她越来越关注周围同事的投资业绩。最终，她很可能也会买入互联网相关股票，但是几乎可以肯定的是，这会发生在市场最高点和崩溃之时。

布雷特以 5 美元的价格买入了一只股票。不久后，股票的价格开始下跌。起初，他并没有担心。他读过一本关于巴菲特的书，书中称这位伟大的投资者曾说他准备让好公司的股票下跌 50%，低于其购买价格。然而事实证明，布雷特并没有与巴菲特一样的选股技能。他的股票的价格跌至 3 美元、2 美元，然后跌至 1 美元以下。此时，他情绪已经开始不稳定了。最后，他终于无法承受压力，以 80 美分的价格（该股 10 年以来的最低点）卖出了股票。他感到特别轻松，因为这种痛苦已经结束了。一年后，这只股票回到了 3 美元的价格，布雷特的经纪人建议他回购，因为该公司现在解决了所有问题，并且即将拿到一系列合同。然而，即使有新合同，而且股价也开始上涨了，布雷特也还是很可能不再买入这只股票了。

佩塔与宝拉在一起工作有几个月的时间了，她错误地买入了很多互联网相关股票。宝拉眼看着佩塔亏了钱，并最终卖出了股票。她还看到其他同事亏了更多的钱，其中一些同事失去了他们的房子，因为他们将房屋抵押，用借来的钱买入了互联网公司的股票。有一天，她富有的、做股票经纪的叔叔告诉宝拉，股票现在真的很便宜，她应当买入一些。宝拉很有可能不接受叔叔的建议。她将错过即将到来的牛市。

在这些故事中，投资者最初的行为或者他们间接感受到的其他投资者的行为使他们做出了错误的决策。一方面，自己过去有回报的投资经验以及他人的投资经验强化了他们“高买”的回报，并引导他们继续这样做；另一方面，他们直接或者间接经历的情感惩罚加剧了“低卖”时的痛苦，并导致他们后来把握不住“低买”的机会。

在萨姆的故事中，他会因为继续持有一只价格低于其买入价的股票而获得回报。

投资要义

我们通过强化和惩罚习得了不良的投资行为。我们需要制定适当的策略，来避免强化自己的不当行为。

投资策略

1. 首先，我们要知道我们的经历会强化不良的投资行为。我发现，阅读那些伟大的投资者的传记非常有益。这将有助于我们避免重复做出糟糕经历所导致的不当行为，并通过观察伟大的投资者来形成自己的工作方法，即学习他们的思想，思考他们的行为方式。

2. 广泛阅读股票市场的历史也很有价值，这会帮助我们形成对当前事件的看法。更重要的是，这样做将会帮助我们培养一种感觉，即在繁荣和恐慌中，高且不合理的低价会变得多么不可思议。那些在熊市中受伤的投资者经常会说，他们从来没有想到会发生这种情况。然而，历史中有很多这样的例子。如果我们不研究历史，我们在实践中就可能会遇到困难。

3. 我们要从经历中获得经验，而不是强化我们的不良行为。提高我们投资技能的最重要策略之一就是记录下我们的投资决策。我们应当记录下做决策时所知道的事情以及我们做出该决策的理由。在投资过程时，我们应当记录下关于我们所投资公司的所有新消息以及我们在做出每个决策时所进行的思考。当出售投资时，我们应当尝试找出并记录下投资成功或者失败的原因。当评估显示我们做出了一些糟糕的决策时，我们应当仔细想想我们知道什么以及我们的想法是否在某种程度上存在缺陷。然后，我们可以想想我们应当采取哪些不同的做法，并下定决心在未来避免犯这些错误。这样，我们就可以从糟糕的经历中学习，而不是让它在我们的心里留下伤疤，导致我们重复犯同样的错误。

4. 本章呈现的故事的核心问题是投资者没有看到价格与价值之间的差异。很多伟大的投资者已经指出，股票的价格是我们为其支付的价格，但这不是它的价值。在情绪的驱动下，市场可以对股票定价，而这个价格可能完全偏离了其价值。当我们研究那些伟大的投资者时，我们会一次又一次地注意到他们是如何定义股票价值的。这种价值通常被称为股票的内在价值，这是一种对一家内在价值独立于其股价的公司进行估值的方法。评估相对价值的一种很常见的启发法是计算市盈率，还有很多其他方法。伟大的投资者会将他们为股票给出的估值与市场价格进行比较。如果价格远高于价值，他们就不会买入。然而，如果市场价格远低于他们给出的估值，那么他们就会考虑买入。我们的策略应当是找到一种方法，来判断股价是高于还是低于我们对其的估值。如果我们采用以前的投资策略并记录下这一切，我们就不会常常买入那些价值远远低于其市场价格的股票了。

06

爱是盲目的：投资行为中的认知失调

你有没有注意到有些人似乎爱上了股票，并一直坚持到底？他们为何坚持认为这是一笔好投资，即使在面对最令人信服的反证时？你有没有想过他们为什么没看到自己的资产情况发生了变化，为什么没在损失惨重前卖掉股票呢？

你有没有想过为什么这么多人会在 2008 年全球金融危机前的牛市买入高风险股票，却在价格暴跌或者公司即将破产时才把手中的股票卖掉？难道这不算清楚地表明这是一个危险的、被高估的市场吗？为什么他们要在一开始就买入如此高负债和估值过高的股票呢？为什么他们不在情况变糟之前就卖掉它们呢？

这些都是人们自欺欺人的例子。认知失调（cognitive dissonance）理论解释了人们欺骗自己的原因。该理论是由利昂·费斯汀格（Leon Festinger）在其于 1957 年出版的《认知失调理论》（*A Theory of Cognitive Dissonance*）一书中提出的。

很多人都明白，投资者和交易员在股市中的行为都是受恐惧或者贪婪所驱使的。这些都是非常强大的情绪力量。但是，只通过这些术语来了解股票市场就太简单了。人类要复杂得多，他们的动机更加微妙。认知失调的概念也无法完整地回答上面提出的问题，但它是了解人们在股票市场中的行为方式的另一种方法。更重要的是，它为我们如何做出更好的投资决策提供了一些有价值的观点。

古典经济学基于一个简单的假设，即人们的行为总是理性的。然而，在过去几十年中，很多研究人员对这一假设的现实情况提出了质疑。事实上，越来越多的工作是基于这样一种观点，即人是合理的存在，而不是理性的人。认知失调研究的就是这个。

> 一只狐狸在果园里散步。它走到一棵葡萄树下，刚刚成熟的葡萄高高地挂在葡萄架上。“正好可以解解渴。”它边想边后退了几步，助跑然后起跳，可并没有碰到葡萄。它转过身，1–2–3，它又跳了起来，却仍然没有成功。它试了一次又一次，想要吃到那诱人的葡萄，但最终不得不放弃。离开之前，它用鼻子闻了闻，说：“我敢肯定，它们是酸的。”

这则伊索寓言就是认知失调的例子。当人们面对以下两种情形之一时，认知失调会让人们感到不舒服：

- 持有两种彼此冲突的观点；
- 发现自己的行为方式与自己的认知或者观点相冲突。

在上述寓言中，狐狸的行为是放弃了为吃到葡萄而做的跳跃尝试，这与它认为葡萄是美味的观点是相冲突的。费斯汀格的认知失调理论预测，狐狸将做出以下行为中的一种：

- 改变它的行动（继续为吃到葡萄而跳跃）；
- 改变它的观点来证明它的行为（毕竟，葡萄不好吃）。

在寓言中，狐狸改变了它的观点，以证明他的行动是离开。当面对这种情况时，大多数人都会有这样的反应。

认知失调是一种一致性或者平衡性的理论。它的基本观点是，人们在同时持有两种对立观点时或者在想法与行为存在冲突时（被称为失调）会感到不舒服。如果这种不舒服足够强烈，就会刺激他们尝试减少失调。

虽然承受失调痛苦的人会在很多情况下改变他们的行为，但是该理论表明，人们也有一种强烈的倾向去改变他们的观点，使该观点与他们正在采取或者打算采取的行为保持一致或者证明这些行为。这样做会消除失调，而这正是狐狸在寓言中所做的。

认知失调理论中的观点通常适用于具有不确定性的情况，而股市正是在不确定的氛围中运行的。我们没有绝对且客观的方法来了解某只股票的价值或者其价格在未来将如何变化。因此，在股市中，你会常常看到人们改变他们的观点，以使观点与他们的行为保持一致。

人们会用以下四种方式解决认知失调问题：

- 他们只是避免了一些情况的发生或者回避了一些信息，他们认为这些情况或者信息会产生失调；
- 他们积极寻找那些与其行为或者反对意见不冲突的情况或者新信息；
- 他们对其持有的一些不那么重要的观点进行了重新定义，因为这些观点与他们的行为或者反对意见相冲突；
- 他们改变了自己的一个反对意见或者改变了自己的行为。

前两种策略都属于费斯汀格所谓的“选择性暴露”（selective exposure）。几年前，我在股市中遇到了一个选择性暴露的极端例子。我有机会问一个熟人其股票投资组合表现得如何。他的回答是：“我真的不知道。我的股票一直表现得如此糟糕，我已经不关注它们的价格了。”

我们只是在避免让自己暴露在能够导致失调的信息中，我们寻找的是那些能够证明我们的行为或者我们所支持的观点的信息。这通常包括选择阅读一部分信息、选择特定的电台或者电视节目、只访问特定的网站以及只与那些对我们的观点表示赞同或者认可我们行为的人保持联系。

重新定义一种观点是狐狸在寓言中所做的，这也是吸烟者在无法戒掉烟瘾时所做的。面对危险的证据，他们会质疑证据或者证据与其处境的相关性。行动失败的节食者也是这样做的，他们重新定义了超重危险的重要性，或者与他们自己相关的重要性。

认知失调理论可以直接应用于股票投资，其中引人注意的一点就是所谓的“决策后失调”（post-decision dissonance）。这通常被称为“晨间后”综合征（morning-after syndrome）。人们往往会在做出投资股票的决策后产生紧张情绪，如果涉及大量的钱，情况尤其如此，因为我们花了相当多的时间在两只同样有吸引力的股票之间进行选择，而且如果要推翻这个决策，需要付出巨大的代价或者非常困难。通常，人们会尝试通过继续寻找与买入的股票相关的信息来安慰自己。他们也会寻找那些能够保证自己做出正确决策的人。

如果我们现在回过头来看看那些爱上股票的投资者就会明白，这只是一种符合认知失调理论的简单行为。投资者买入了一只股票。第一年，股价上涨，这强有力地验证了投资者最初的决策。接着，当坏消息被发布，股价应声下跌，投资者所做之事（即买入股票）与其正在面对的信息发生了冲突。然后，股价持续下跌，最终吃掉了第一年的所有收益，投资者甚至还出现了亏损。

一位纯粹的理性投资者可能在这时卖掉了股票，而有些投资者很可能不会。相反，他们可能将坏消息解释为只是偶发情况或者不像市场判断的那么重要。他们可能还会强调现有信息的积极方面，并回避股票的任何负面影响。他们可能还会向那些最有可能让自己放心的人征求意见。

同样的认知失调也会适用于那些面对导致全球金融危机爆发的繁荣、却仍然投机了高风险股票的人。他们倾向于只与那些也买入了这些股票的人交谈。他们还接受了经纪人、大师和专家提出的各种理论，认为市场并没有到达高点。最后，他们只从那些支持他们决策的媒体上寻找信息，忽略或者淡化了所有的警告和负面信息。

投资要义

认知失调是当事实与我们的观点或者行为存在冲突时的一种不适感受。有时，它会导致行为的改变，会有一种强烈的倾向重新定义我们的观点来证明我们的行为。一种常见的冲动是只寻找确定的证据并忽略不确定的信息。避免会影响我们观点的这些趋势来证明我们的行为是非常困难的，意识到认知失调背后的情绪变化是第一步，这会让我们意识到，当我们要合理化自己想做之事或者盲目地进行反对时，我们可能会面临风险。我们需要关注的是，如何避免通过改变我们的观点或者隐藏那些证明我们行为或者建议的事实来做出并坚持不良决策的倾向。

投资策略

1. 我在学校学到的考试答题技巧在处理认知失调方面是非常有价值的。拿一张纸，在中间画一条垂直线。在左栏，我们列出某笔投资所有的正面信息；在右栏，我们列出所有的负面信息。然后，我们试着对利弊的重要性做出一个全面的判断。当我们认为这笔投资几乎确定时，这样做非常重要。同时，我们还必须明白，为什么有人会把股票卖给我们。如果我们在某种情况下看不到负面信息，我们就应当寻找一位能够帮助我们填写右栏的人。这就引出了第二个策略。

2. 历史上，当有人提议让某人成为圣徒时，教皇将指派一位唱反调的人，他的任务不是考虑这个提议，而是向教皇提出所有候选人不应当成为圣徒的理由。我们可以用这种方法找到一个了解情况的人，并要求他反对提议。很多人不明白找一个唱反调的人的真正意义，所以一开始就要解释清楚。

3. 对我们来说，执行以上策略可能很困难，因为我们可能不愿意将我们的想法暴露给他人，或者我们可能不认识有能力担任这个角色的人。在这种情况下，我们可以想象自己身处一支辩论团队。假设你的对手在辩论中试图说服我们应当买入那些吸引我们的股票（或者继续持有我们已有的股票）。我们的任务是想出可以用来反驳其提议的所有证据。换句话说，通过把自己置于一种假设情形下，假设我们必须反对自己相信或者想做的事情，我们可能就成了与自己唱反调的人。很快，我们就可以在纸上填好这两栏，并可以开始形成一个平衡且合理的决策。

07

代表性偏差：别人能成功并不意味着你也能成功

一位研究人员拦住了街上的行人，问他们是否愿意参加一个很简单的调查。这个调查只有一个问题：托尼的个头很高，衣品很好，吹的口哨经常是古典音乐的旋律，那么他更可能是公务员，还是钢琴家？

类似的问题在很多国家的研究项目中被问过很多次，而且最常被提出供街上行人选择的职业就是公务员和钢琴家。

如果我们选择钢琴家作为托尼最可能的职业，我们将成为多数人中的一员。有一个很好的理由可以解释为什么这么多人会做出这样的选择，而且大多数人在一生中的很多情况下都会无意识地这样选择。

当我们被问到认为托尼是公务员还是钢琴家时，我们没有其他选择。为了帮助我们做出选择，研究人员给了我们以下三条信息：

- 托尼是一位高个子男士；
- 托尼的衣品很好；
- 托尼吹的口哨经常是古典音乐的旋律。

所有信息似乎都指向了同一个方向，我们也会得出结论，即托尼吹的口哨是古典音乐的旋律。然而，聪明的赌徒会赌托尼更可能是一位公务员。这是为什么呢？

原因真的很简单：钢琴家屈指可数，而公务员有成千上万。因此，如果我们明智地忽视了研究人员所提供的三条不相关信息，并且考虑概率的话，我们就会选择公务员，这更有可能是正确的。当然，在某种特定情况下，我们可能是错的。但是，如果我们在生活中能够根据概率做出很多类似的选择，那么大多数时候，我们都是正确的。

为什么我们大多数人都错了呢？原因真的非常简单：我们忘记了概率，我们的选择大部分都指向了一个线索，即托尼吹的口哨经常是古典音乐的旋律，我们认为这代表着他可能是钢琴家。因为所有钢琴家都会演奏古典音乐，并且热爱他们所做的事情，他们吹的口哨很可能是古典音乐的旋律。然而，很多公务员也喜欢古典音乐，因此他们的口哨声也可能是古典音乐的旋律。因此，口哨声是古典音乐的旋律对我们的选择而言并不是有用的信息，特别是当我们被问到托尼最有可能从事什么职业的时候。

在计算机科学中，有一种被称为启发法的过程。在这个过程中，程序试图从自己的经验中学习。事实上，这是在模仿人们学习与周围世界打交道的方式。我们通过使用启发式判断（非技术术语，仅仅指经验法则和捷径）来处理大多数问题，以简化复杂的决策。大多数时候，这些捷径都非常有用和有效。然而，它们也可能导致我们犯错。

有时，这些经验法则会被有意识地应用。例如，我们经常会刻意应用由本杰明·格雷厄姆提出的规则，即市盈率低于 15 倍的股票可以考虑买入。然而，很多经验法则都是无意识的。无论是有意识的还是无意识的，它们经常会导致我们走入做出错误判断的范畴。

导致我们陷入麻烦的一种无意识的经验法则在学术上被称为代表性。如果我们需要对某事做出判断，代表性就是我们寻找的另一种情形，这种情形在某些方面与现在的情形相似，并且仅仅基于我们对这一特征的判断。如果我们使用的特征实际上并不是我们正在考虑的情形的真正决定因素，那么这将导致判断失误。在复杂和不确定的情况下（如投资决策），代表性问题比我们想象的更常见。

对代表性的研究表明，我们都倾向于在实际上很少或者根本不相似的情况中看到相似之处。我们会使用类比的方法来做到这一点。当面对新情况时，我们的头脑会从我们的经验中找到一段类似新情况的记忆，这样，我们就可以用熟悉的事物对新情况做出判断了。这就是很多接受过逻辑思维训练的人在要使用类比方法来验证或者证明某事的时候，头脑会发出警报的原因。

代表性会以以下两种方式导致我们判断失误：

- 当我们过分强调情境之间的相似性时，就可能会忽略可能结果发生的概率；
- 当我们专注于相似性时，我们就可能会低估或者忽视决定结果的真正因素。

当我们根据看似或者听起来正确的观点做决策时就会出现代表性偏差（representativeness bias），但是这样做忽略了基础概率，而这个概率更有可能是明智的答案。

例如，杰森对期货市场非常感兴趣，他想成为一位全职交易员，并且已经攒了一些钱作为本钱。他的朋友拉克伦与他读了同一所大学，而且他们在同一科目中取得了相同的成绩。拉克伦的爸爸很有钱，他给了儿子一笔钱做期货交易。当杰森还在攒钱的时候，拉克伦已经做了几百万美元的期货交易。

如果我们问杰森未来他在期货交易中有多大机会获得成功的话，他会考虑拉克伦的教育背景及其成功，并可能判断自己的机会也非常好。鉴于这些事实，很多人可能会同意他的判断。然而，对于期货交易者来说，基础概率或者一般经验会使 90% 的人出现亏损。而且经验表明，期货交易的成功与教育背景或者智力水平无关。如果要评估杰森的机会，那么最好的预测是他成功的机会只有 1/10，而且为杰森的问题给出的最佳答案是他将不会成功。

另一个更危险的代表性陷阱是，尽管我们认可基础概率，但是我们却认为它不适用于我们自己。这在行为金融中被称为过度自信，我们已经在第 2 章和第 3 章中讨论过了。期权交易是有危险的，十种期权中有九种都会失效，这样的警告无处不在。然而，每年都会有无数的年轻人怀着赚钱的梦想投身期权交易市场，因为他们认为自己非常聪明，或者因为他们已经读过或者发现了一种可以让自己变得富有的方法。最令人沮丧的例子莫过于美国对冲基金公司长期资本管理公司（Long Term Capital Management）的发现。虽然公司背后有一支学术团队为其提供技术和知识支持，其中还包括该领域的诺贝尔奖得主，但是他们却惊奇地发现，基础概率也适用于他们自己。

每轮牛市都会产生代表性陷阱的大量案例。事实上，代表性是投机泡沫膨胀的驱动力之一，其中一种运作方式就发生在选股领域。每轮牛市都是由少数非常成功的股票所带动的，这些股票的价格在几年时间内会上涨至初始价格的5、10、20、100倍甚至更多倍。

导致2003年至2007年牛市的一只知名股票是福特斯库金属公司（Fortescue Metals）。有人在2003年该公司刚上市时以2.65美分/股的价格买入了公司的股票并一直持有，到2005年股价最高点55.5美分时，股价增长了近21倍。仅用了19个月的时间，那些在第一天投资了10 000美元的人就拿到了209 434美元。

缺乏经验的投资者会认为，现在买入福特斯库金属公司的股票来赚钱为时已晚。毕竟，没有树能长到天空那么高。所以，他们开始寻找相似的股票。他们发现了另一家刚开始开采矿山的公司。招股说明书中甚至可能暗示，这家新公司将效仿福特斯库金属公司的模式。

那么，通常发生的情况是这些投资者损失了他们投资于新公司的所有或者大部分资金。我可以相当肯定地说，这仅仅是因为新的初创企业的基础概率是它们中的大多数都失败了。福特斯库金属公司是例外之一，它的成功可能是由其他因素驱动的，而不仅仅因为它是一家矿业公司。

当投资新手在新的矿业公司失利的时候，福特斯库金属公司继续发力，2008年年中时，其股价达到了13.15美元的高点，那些勇敢的投资者所持有的股票价值将达到接近500万美元。显然，福特斯库金属公司是一个特例。仅仅关注它是一家采矿公司的这个简单因素将导致我们忽略驱动其成功的关键因素。

小测试

你陷入过这些陷阱吗

- 我读了威廉·江恩（William Gann）从交易中赚了 5000 万美元的故事，我可以通过学习他的方法成为一位成功的交易者。
- 目前，市场已经开始下跌，就像 1929 年的大崩溃，随后将是长时间的萧条。我会立刻卖掉我所有的股票，并且买入债券。
- Bricks and Tiles 公司的股票上涨了 200%，而 Walls and Roofs 公司经营着相同的业务，但其股价还没有上涨，所以我会买入它。
- 我的邻居用其卖掉老房子赚的钱买了一辆新的宝马车，我也可以这样做。
- 杰克·克利夫（Jack Cleever）将 Cyberspace Limited 公司发展成了一家大公司。他现在转投了一家境况不佳的家族公司，我会投资那家公司。

投资要义

当我们使用表面极其相似的东西作为决策的基础时就会出现代表性偏差。我们往往看到了相似之处，然而它们并不存在或者根本没有意义，这会导致我们判断失误的概率和风险的增加，因为我们忽略了基础概率。每当我们遇到对于选择缺乏或者根本没有有用信息的情况时，我们要通过回归常识并试图想象概率来避免出现代表性偏差。如果可能，我们应当寻找相关的统计数据来确定概率。

投资策略

1. 现在，我们了解了代表性偏差，我们可以养成一个总是问自己问题的习惯：什么是基础概率？培养习惯需要大量的努力，并集中注意力，这并不容易。我们可以写一张便签，并贴在电脑屏幕的边缘。便签上可以这样写："今天工作中至少一件事的基础概率是多少？"保留一个月，并且尽量让它发挥作用。

2. 比起在自己身上看到代表性偏差，我们更容易在其他人身上看到代表性偏差。在培养我们对代表性错误的敏感性时，倾听我们周围的说法是非常有用的。指出代表性错误并发表对它的看法可能不是一个好主意，尽管我们可能会通过询问有多少其他例子来证明某一个决策是合理的来对基准概率提出一些微妙的疑问。对我们来说，最重要的是要努力意识到其他人何时会忽视基础概率，因为这将有助于我们关注自己在做什么。

3. 我们应当努力培养一种量化事物的习惯。假设我们想开始一项新业务。第一步是找到政府发布的统计数据，比如在前两年、五年或者十年中，有多少新企业成功或者失败。这就是基础概率。第二步，寻找这些企业失败的原因，试图理解这些原因，并避免发生同样的失败。假设我们看到一些新上市的企业发展得很好，并认为投资其中几家可能是一个好计划，那么首先就要找出事实。特别要问的是：过去有多少新企业成功，有多少失败？还要问：在任何市场条件下，成功率和失败率都是相同的吗？是的，这是一项艰苦的工作，但是伟大的投资者都会这样做，而且还会培养起高于平均水平的判断能力。如果我们在对基础概率一无所知的情况下就进行投资，那么市场就会告诉我们它究竟是什么，而学费就被称为亏损。

08

赌徒谬误：趋势才是你的朋友

本章的部分内容最初发表在*Shares*杂志2010年10月刊上。当时我是这样写的：

> 20世纪90年代的互联网泡沫市场在2000年初达到顶峰。在那之前，几乎任何人都可以在股市中赚到钱。然而，从那时起，赚钱变得越来越难。虽然整个市场在2001年年中创下新高，但是我们在挑选合适的股票时仍需要一定的技巧。然后，市场在2001年下半年暴跌，这让大部分于20世纪90年代新进入市场的投资者感到了恐慌。到了2002年年初，市场已经收复了所有失地，但不久之后，又在2003年3月再次暴跌至低点。20世纪90年代进入市场的很多投资者现在都已经离场或者仍在承受着巨额亏损。
>
> 自2003年3月以来，澳大利亚股市一直呈现强势上涨的趋势。对于完全投资于股市的人来说，这是一个好时期。然而，很多个人投资者远未完全投资。很多人仍在观望。

我相信，当你阅读这段文章时，你会惊讶于它像是在今天写的一样。

在矿业繁荣的背景下上涨的牛市始于2003年。在之后的五年中，几乎任何人都可以在股市中赚到钱。澳大利亚人觉得自己很富有，而且举债无度。然而到了 2007 年，美国的次贷丑闻成了毒瘤，并演变成全球金融危机，牛市也于 2008 年年初戛然而止，这是因为市场暴跌超过了 40%，大型投机机构的一些宠儿也破产了。熊市的暴跌让大部分于 21 世纪初进入市场的投资新手感到了恐慌。当初学者知道了我们的经济和世界经济都有周期性的时候，总是会发生这样的事情。2013 年，大部分于 21 世纪前十年入市的投资新手已经离场了，或者仍在承受着巨额亏损。

自 2012 年中期以来，澳大利亚股市一直在强劲上涨，这是一个很好的投资股市的时期。然而，很多个人投资者远未完全投资。到 2013 年 1 月时，很多人仍然在观望，虽然已经有些人迟疑地回归了股市。

历史通常都会以这种方式重演，难道这不是很有趣吗？对于这种行为有多种复杂的解释，更普遍的一种解释是说这是大数定律（law of large numbers）的不正确应用。这个定律也被称为平均法则（Law of Averages）和赌徒谬误（gambler' s fallacy）。以下我将介绍一下赌徒谬误的表现。

假设我正在进行一次关于行为金融学的演讲。我扔出一枚硬币，连续五次，它落下时都是正面朝上。于是，我邀请了听众中的一个人，让我们称她为莎莉，请她猜一猜下一次硬币落下时会哪面朝上。莎莉肯定会说是反面朝上，这就是赌徒谬误的表现。

我们应当知道，如果一枚质地均匀的硬币被抛出了很多次，结果将趋向于相等数量的正面和反面。这种现象广泛存在于自然界和人类活动中。这是一种非常有价值的想法，因为它允许我们从整个样本中得出关于世界的有用结论。而问题是，这只适用于我们有足够大的样本的时候，因为只有这样，样本才能使我们能够合理、准确地估计出整体的组成。这就是大数定律，也是统计学的基础。

如果我们告诉莎莉，我们最后五次扔硬币的结果都是正面的话，她凭直觉会认为下一次硬币落下时会反面朝上。这是一种让莎莉和大多数人失望的直觉。萨莉犯的错误是她假设大数定律也适用于小样本，这就是赌徒谬误。萨莉应当给出的答案是，下一次硬币落下时可能正面朝上，也可能反面朝上。

另一个例子是关于彼得的，他正在重新设计他的厨房。如果想把水槽和排水板上方的墙壁贴满瓷砖的话，他需要 100 块瓷砖。彼得想随机使用三种不同的彩色瓷砖。这时，彼得想起他可以使用 Excel 生成随机数。他就是这样做的，并把 100 块瓷砖放在了地板上。当他看到这个图案时，他注意到在几个地方有三块或者更多同色瓷砖会集中在一起。他认为他一定是在 Excel 中做错了什么，因为这种情况不可能是一个随机模式。他重新排列了瓷砖，来消除同色瓷砖的集合。

到目前为止，很明显，彼得一开始就选择了一个随机模式，而任何随机模式都将包括一些相同颜色或者相同数量或者相同正 / 反面的组合。

赌徒谬误在股市中无处不在，而且，专业投资者和个人投资者都有这种倾向。2004 年 8 月 31 日星期二，这一天是各家公司提交其 2003 至 2004 财年业绩的最后一天，《澳大利亚财经评论》（*Australian Financial Review*）杂志撰写了一篇题为《被质疑的巨额股息》（*Dividend Generosity Questioned*）的文章，文章中引用了专业分析师和基金经理的观点。他们观点的要点是，盈利增长会围绕 7.7% 的长期平均水平大幅波动，所以在一年之后，盈利增长会远高于平均水平，预计明年的增长可能会放缓。因此，各家公司正试图通过支付更高的股息来补偿投资者。大多数人都认为这种说法是正确的，但我们的直觉再一次让我们失望了。

上述文章的内容很好地诠释了赌徒谬误。回归均值表明，在经历了漫长且强劲的增长后，未来的回报率可能更接近于长期平均水平。然而，这并不意味着明年的回报率或者任何一年的回报率实际上都将低于长期平均水平。事实上，回归均值并不能说明明年的回报率会比去年高还是低。对于回归均值来说，两年的样本实在太小了。回归均值仅在一般条件下并在大量时间段内进行。

赌徒谬误会对个人投资者的情绪产生强烈的影响，即使在牛市中，他们也总是据此认为不应当参与股市。他们的理由是，市场刚刚走强（比如两年了），所以现在入市肯定太晚了，因为它将下跌了。

这种推理适用于个股以及整个市场。每天，无数投资者都在阅读一份关于一家大公司的报告，该公司的股价过去几年一直在上涨。他们叹了口气，得出了现在买入已为时过晚的结论。是的，他们已经错过了。

这会导致这些投资者错失良机。如图 8-1 所示，2003 年至 2007 年澳大利亚证券交易所所有普通股指数显示，在 2003 年至 2005 年这三年之后，出现赌徒谬误将意味着错过两年多的上涨行情。

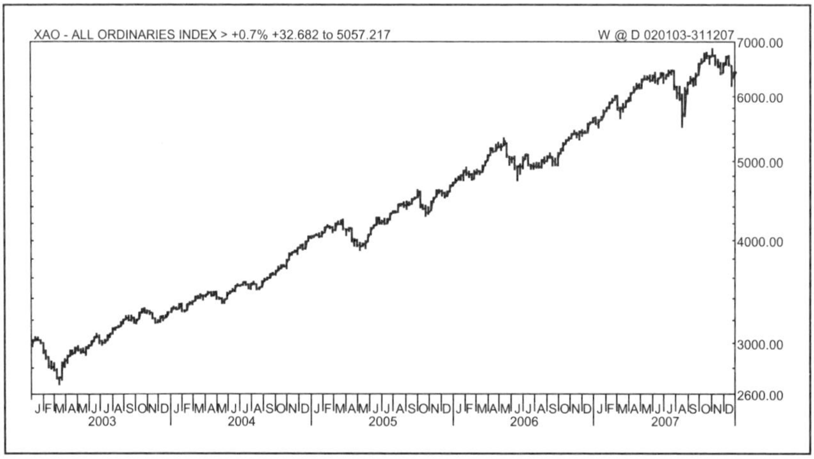

图 8-1　澳大利亚证券交易所所有普通股指数（2003 年—2007 年）

从我们掌握的数据看，在短短的 100 多年中，澳大利亚和全球股票市场上有很多这样的例子，即市场在牛市中连续多年上涨，然后在熊市中回归均值。这一证据支持了赌徒谬误的理论，即上一年的上涨意味着下一年会下跌，甚至比上一年增长得慢。

所有这些都经常与那句经常被市场引用的话，即“没有树能长到像天空一样高”并列使用。换句话说，没有任何市场或者某家公司能够以极快的速度长期发展。这是不言自明的：只需要从一家小公司做起，每年规模扩大一倍，它很快就会比整个国家乃至全球市场更大。重要的是要明白，之前的论述并不意味着某个市场或者某家公司能够永远保持快速增长。我遇到的对这种情况进行的最好描述来自《超越恐惧和贪婪》（*Beyond Greed and Fear*）一书。这本书是郝什·舍夫林（Hersh Shefrin）写给专业投资者的。舍夫林在书中写道：

> 策略家们很容易犯赌徒谬误，即不恰当地预测了（某种趋势）的逆转……在高于平均业绩时，回归均值为预测提供了哪些建议？这意味着未来的业绩将更接近于均值，而不是为了满足平均法则而低于均值。

随着每个牛市的展开，预测者总是不断地预测上升趋势将很快结束。市场将此称为攀爬忧虑之墙。

虽然每次牛市都可能随时失败，但现实情况是我们不是投资市场，而是投资公司。大公司可以在十年甚至更多年中保持良好的增长速度。这种增长会根据经济的健康程度出现放缓或者加速，而这取决于公司业务对经济活动的依赖性。

图 8–2 显示了澳大利亚食品零售商沃尔沃斯公司（Woolworths）的长期增长。

图 8–2　沃尔沃斯公司 1993 年至 2013 年的股价图

聪明的投资者不会试图预测趋势的逆转，尤其仅仅因为近期市场很好。他们会投资那些优秀的公司，并在公司成长的过程中与其并肩作战。如果对某家公司失望，他们就会卖出该公司的股票，转投另一家正在成长的公司。市场上有句老话是这样说的：趋势就是你的朋友。这句话清楚地告诉我们，赌徒谬误是一个我们都需要了解并设法避免的陷阱。

投资要义

赌徒谬误错误地将大数法则应用于小样本。当投资者错误地假设市场一段时期的强势必然紧跟着一段时期的疲软时，他们就会这样做。要投资大公司，并且要记住：趋势是你的朋友。

投资策略

避免赌徒谬误的最佳策略就是了解那些伟大的投资者看待市场的方式。本杰明·格雷厄姆被称为证券分析之父，他在评估一家公司时总是回顾该公司至少10年的业绩。如果一家公司已经上市很久，我会关注它的收益和股息。你会这样做吗？

在图表和技术分析中，大多数人只看短期图表。而伟大的投资者总是从他们能得到的最长期限的图表开始。图8-3是我所关注的澳大利亚市场的长期图表。

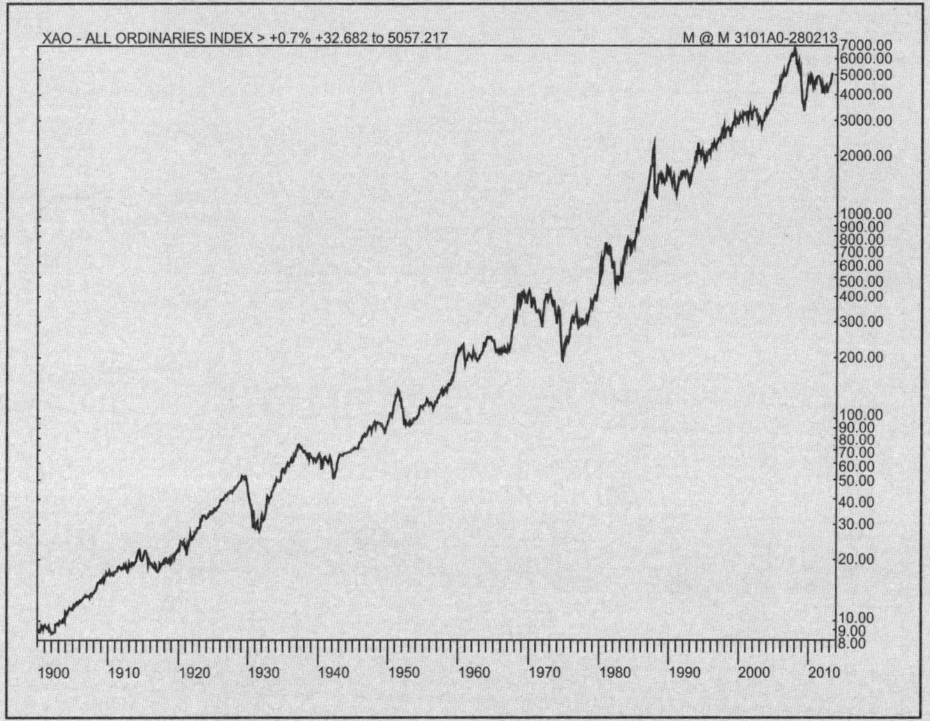

图8-3 澳大利亚证券交易所所有普通股指数（1900年—2013年）

我也有美国、英国和日本股市回溯到1970年的图表。我会从这些图表开始我的分析，然后再研究短期图表。

下一步，我会研究时间期限为20年的图表，如图8-4所示。

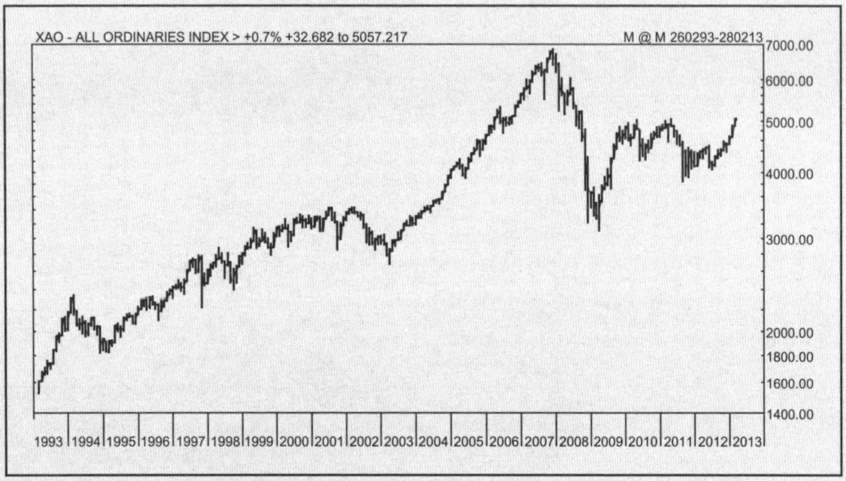

图 8-4　澳大利亚证券交易所所有普通股指数（1993 年—2013 年）

我会进一步研究时间期限为 5 年的图表，如图 8-5 所示。

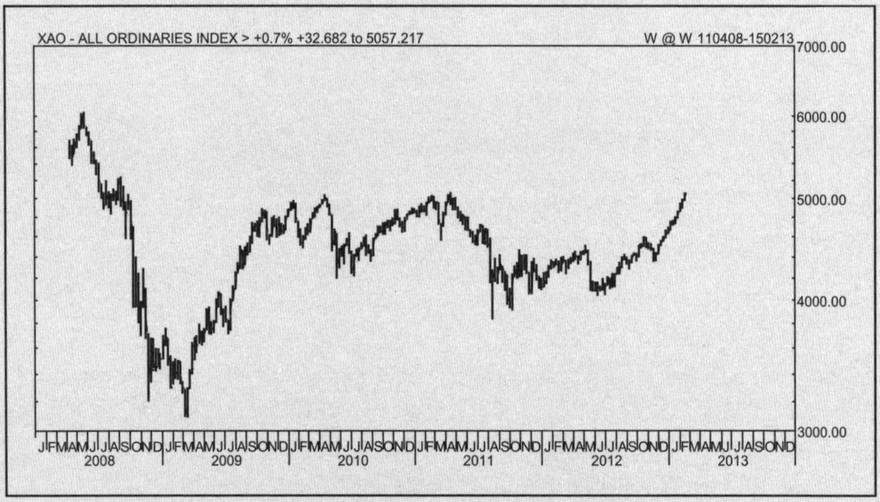

图 8-5　澳大利亚证券交易所所有普通股指数（2008 年—2013 年）

作为一位投资者，这是我的时间框架，我会在短期内制定我的详细策略。

然而，我所见到的大多数投资者和交易者只研究一种图表，如图 8-6 所示。

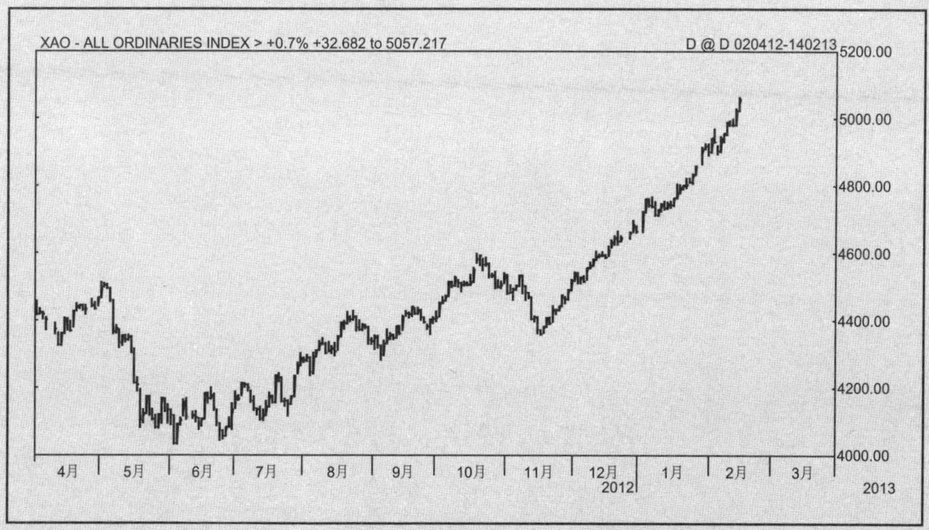

图 8-6　澳大利亚证券交易所所有普通股指数（2012 年 4 月—2013 年 2 月）

假设我们现只研究图 8-6，而从来没有见过以上那些图表，那么我们并不客观。我们只看到了一个非常强劲的上涨占据了图表大部分，这可能很容易使我们产生赌徒谬误，因为我们直觉上认为在这样强劲的上涨之后，市场将会下跌，因为它会回归均值。然而，我们只看了一年的数据，而且这种上涨幅度并不大。当然，市场在这个过程中会有短期的修正，而这种修正很可能出现在图表的最后。然而，这张图表并没有表明市场明年不会大幅上涨。

这就是我们要从所掌握的足够多的历史开始分析，并且一直分析到现在的原因。对我们来说，这是非常有策略价值的，将避免我们陷入赌徒谬误。

09

随机强化：投资中的破坏性行为

妮可从来没有参加过赛马，所以邀请一些朋友和她一起去。他们都不了解赛马或者赌博。妮可决定在第一场比赛中下注其中一匹马，因为她喜欢它的名字。最终她赢了 10 倍。

在第二场比赛中，妮可随机选择了另一匹她喜欢的马，但这匹马没有获胜。在第三场比赛中，她又做了同样的事，赢了 6 倍。她注意到，这两匹获胜的马的名字都是以字母 P 开头的，而落败的马的名字是以字母 M 开头的。

在下一场比赛中，妮可选择了另一匹名字以字母 P 开头的马。这匹马赢了比赛，让妮可赢了 7 倍。妮可意识到她好像明白了什么。在第五场和第六场比赛中，没有名字以字母 P 开头的马，所以她没有下注。在最后一场比赛中，她发现了一匹名字以字母 P 开头的马并选择了它，但这匹马最后由于被挤入狭窄的赛道而只获得了第四名。妮可认为她现在可以干些大事业了，最后一场比赛只是运气不佳而已，她的马本来可以赢的。

在接下来的几个星期和几个月中，妮可成了一个赌徒，她总是选择名字以字母 P 开头的马。有时她会赢，有时她很不走运。妮可已经成了随机强化（random reinforcement）的受害者。她现在赌博成瘾，并且迷信以字母 P 开头的马会赢得更多的比赛。

在 2007 年之前，奈杰尔从未买过股票。然而，他的朋友似乎通过买股票赚了很多钱，于是他决定试一试。一位朋友告诉他可以买入一些矿业股，所以奈杰尔跟着他买入了同一只矿业股。几乎在一夜之间，该股股价就开始上涨，而且只用了两个星期的时间，股价就上涨了 50%。奈杰尔卖出了股票，然后用赚到的钱带着他的女朋友过了一个美好的周末。

随后，奈杰尔又买入了他朋友推荐的另一只矿业股。他没有注意到他卖出的那只股票的价格一直在上涨。新买入的股票虽然上涨了一段时间，但随后就跌至接近买入价。奈杰尔咨询了他的朋友，这位朋友向他保证，这种情况很常见，股价总会再次上涨的。股价又下跌了一些，但果然如此，随后就开始上涨，奈杰尔在短短几个星期内又赚了一笔。

2007 年的大部分时间里，这种方法屡试不爽。好几次，奈杰尔持有的矿业股跌破了买入价，偶尔还跌得相当多，但不知何故，它们总能涨回来，或者奈杰尔总能抓住机会。2007 年年底，奈杰尔申购了一只新的矿业股。他向他的经纪人求助，并且向他的女朋友、母亲和兄弟借钱，这样他可以买入更多。

2008 年年初，全球金融危机爆发，股市下跌。矿业股似乎没有受到影响，因为人们认为中国将保持增长态势，而西方金融市场发生的情况不会对此产生影响。奈杰尔的股票比其买入价跌了 30%，虽然有过动摇，但是奈杰尔认为总会好起来的，所以他会坚持下去。股价一跌再跌。奈杰尔傻眼了，因为这种情况从未发生过。最终，他再也无法忍受并卖出了股票，而卖出价只有其买入价的 22%。他很幸运，因为他没有拿出保证金贷款来买股票，否则他可能已经破产了。

奈杰尔也是随机强化的受害者。不知不觉间，他打破了传统的交易规则，即让你的利润奔跑起来并减少损失。即使交易失败，奈杰尔也经常能够得到足够的奖励，这让他认为打破这些规则也是没问题的。他还错误地认为，矿业股只会一直上涨。

当人们偶然或者随机地获得了不可预见的奖励时，随机强化就会发生。每个人都期望自己的行为获得回报，但是从来不知道什么时候会发生。

研究人员以动物为对象做了很多实验，其中以猴子和鸽子的实验最知名。猴子被训练表演一个动作，而且每次完成后都会获得奖励，猴子自然会继续表演动作。而当实验人员停止奖励时，猴子很快就会停下来。

而另一组表演相同动作的猴子会被随机奖励。当实验者停止奖励时，猴子仍然会表演很长一段时间。它们受过训练，知道会被奖励，但是它们从来不知道何时会被奖励，所以它们会不断尝试。鸽子在类似的实验中也有相同的表现。这就是随机强化的作用。这也解释了妮可和奈杰尔的行为。

现在我们知道随机强化是赌博成瘾、迷信等行为的基础，它在投资者，特别是交易员的持续破坏性行为中非常常见。

在投资和交易中，随机强化是行为天性的一部分，人们无法摆脱它。而成功的投资者和交易员会学习如何应对它。阅读本章内容，你就已经迈出了第一步，因为意识到随机强化会影响我们的决策是应对它的第一阶段。事实上，对人类进行的实验已经表明，在完成任务方面，一个受到随机强化而事先已被告知的群体，要比一个简单暴露于随机强化却并不知情的群体表现得好。

投资要义

当人们偶然或者随机获得了不可预知的奖励时，随机强化就会发生。人们期望自己的行为获得回报，但从来不知道回报会在什么时候发生。赌博成瘾和迷信的背后是随机强化在发挥作用。随机强化是投资天性的一部分，了解它是避免它的第一步。

投资策略

1. 首先，我们要从学习投资或者交易中的有用行为开始，我们希望习得这些行为。在这样做的时候，我们需要认识到那些具有破坏性的行为，这样我们才可以找到更好的行为来代替它们。很多破坏性行为都是基于本书所描述的认知偏差发生的。每章都会提供避免认知偏差的策略。

2. 我们需要一个基于有用行为的投资计划或者交易计划。关于投资计划的模型，你可以看看我的另一本书《在股票市场上创造财富》(*Building Wealth in the Stock Market*)。我们会测试这个计划，以使我们确信如果我们要坚持下去，它会是有效的。没有单一的正确方法，在市场中赚钱的方法有很多种。更重要的是，我们每个人在很多方面都有所不同。我们必须对自己计划中的各种要素感到舒适。如果没有，我们会无法坚持下去。最终，我们需要遵循构成计划的所有规则和指南，并尽可能地自律。

我们必须设置一些程序来监测我们实施计划的情况，还必须诚实地评估我们是如何忠实地执行了自己的计划。有些人还喜欢为自己忠实地执行了计划设置一些奖励。

3. 我发现，为我所做的每一笔投资记日记是一种有价值的方法。在这个过程中，我可以记录下我在做决策时所知道的东西。然后，当我管理投资时，我会记录下每个决策背后的原因。当我完成投资时，我会根据我的投资计划对投资行为进行评估，并确定未来我需要在哪里做得更好。

为了避免后视偏差（hindsight bias），我会在我的会员网站上实时发布我的日记，并且还在我的免费网站上发布我的年度汇报。对我来说，这是一项需要严格遵守的纪律，因为我的成员会在我做计划之外的事时帮我发现问题，而且我会与他们一起讨论这些问题。我不期望这本书的读者也会这样做。对大多数人而言，向一个值得信赖的人展示我们的日记仍然有点困难，但也有很大的好处，那就是让我们学习成为一个更好的投资者。话虽如此，但是这样的知己寥寥无几。重要且可实现的步骤是记录所有投资，记录我们做的所有事。

10

锚定效应：价格是我们付出的，价值是我们得到的

在西方文化中，我们已经习惯于接受商品的标价。尽管在类似汽车和房屋等大生意上有必要进行谈判，但我们倾向于认为，对大多数商品来说，讨价还价的实际空间其实非常小。但是，当旅行时，我们可能会经历不同的文化，很多人很难与商家沟通，因为那里所有商品的价格都是可以商量的。这是因为商家会利用那些最古老的，也是最难克服的认知偏差。

玛格丽特在墨西哥旅行时被当地独特的手工艺品所深深吸引。她完全不知道当地所有东西的价格都是可以商量的。她已经习惯于这样一种简单的决策机制：找到她想购买的东西的标价，然后决定是否购买。

玛格丽特在当地市场上看到一件别具特色的手工艺品，想买下来并带回去送给她的姐姐。她没有找到价签，就鼓起勇气去问商家。商家说要 625 比索。玛格丽特认为，现在才是她熟悉的场景：要么付款，要么转身离开。尽管她还没有买什么，之前也从未遇到过这种手工艺品，但她还是觉得价格太高了。她决定不买了，谢过商家并准备离开。

在她离开之前，商家拦住了她并解释说这件工艺品有多精美。商家说生意不大好，愿意给她打个折，把价格降至 590 比索。玛格丽特觉得她太幸运了，

可以有折扣，所以她买下了这件工艺品。

一方面，玛格丽特的方法听起来不错。毕竟，她很高兴地接受了折扣价。但事情并没有这么简单。当她回到酒店并与其他同行的游客一起聊天时，她才发现，最有经验的游客芭芭拉当天只用了 250 比索就从同一个商家处买到了同样的工艺品。玛格丽特无法理解芭芭拉为什么会比她少花那么多钱。

芭芭拉把玛格丽特拉到一边，一边喝着酒一边解释说，在墨西哥，卖方和买方需要经过商量才能确定价格。接着，芭芭拉向玛格丽特介绍了锚定（anchoring）的方法。锚定是一种简单却非常有效的策略，广泛适用于需要用谈判来确定价格的各种情况。在这种情况下，卖方的要价一定比实际的市场价格高很多。市场上商家的要价通常被称为“游客价格”。除非玛格丽特知道（正如芭芭拉所做的那样）并且意识到这是一种讨价还价的策略，否则她就不知道如何用实际价格来对抗高锚定，并基于此开始讨价还价。

西方人不习惯以这种方式做生意。因此在这种环境下，我们处于劣势。我们甚至需要用一段时间才能意识到究竟发生了什么。事实上，锚是有害的，即使我们意识到要价很可能是一个锚，但除非我们知道正确的价格应当是什么，否则它没有任何帮助。

显然，解决锚定的关键是识别出它。玛格丽特需要进行研究，这样她才会有一个讨价还价的事实基础。然而，即使玛格丽特已经算出手工艺品的合理价格是 250~300 比索，而商家的开价是 625 比索，试图与商家从锚定价或者最初的折扣价一次性谈下 10 比索也是非常困难的。这是商家玩的游戏，他们每次都会打败玛格丽特。

相反，玛格丽特应当提出 250 比索，并期待商家对这个价格表示出不屑。而她已经表示，她没有被要求她支付的锚定价所愚弄。玛格丽特应当合理地、不情愿地做出一些让步，却坚持用她的锚定价来替代被要求支付的锚定价，并以坚持让商家解释为什么手工艺品的价值高于 250 比索来讨价还价。

在所有文化中，这都是一场很艰难的比赛。在西方文化中，当价格很高并且很难评估时就会发生这种情况。在其他文化中，人们会很严肃地对待这场比赛，虽然对我们来说这似乎是小赌注，但是对于商家来说，这就不是小赌注了。而且，商家可能会享受讨价还价的交锋过程，总是彬彬有礼却又有严肃的一面，因为“游客价格”的利润空间非常大。玛格丽特也应当礼貌却坚定地不要为高价付款。她必须到处逛逛，因为急匆匆买下的手工艺品很可能不会令自己满意，而商家却可以用一整天的时间来讨价还价。但是为了买到东西，玛格丽特必须公平，并准备接受她最终同意支付的价格。

在经济中，一直使用锚定的一个很好的例子就是房地产。我们找到了一所我们想要的房子。我们本能地知道，我们不应当轻易接受 99 万美元的要价。当我们提出 94 万美元，并与卖家达成双方都同意的 96 万美元时，我们感觉很好。但是，99 万美元将成为一个锚。我们并不知道，类似房子最近的售价在 85 万美元左右，所以我们被锚定欺骗了，多付了很多钱。我们没有对锚定价做充分的调整。房地产行业经常会发生这种情况，因为两所房子不会完全相同且情况相同，这就很难确定类似房子的价格区间。除此之外，要知道，我们的心已经属于我们正在商谈价格的这所房子了。

通常，锚定普遍存在于我们的投资和生活中。当我们不得不猜测或者对那些我们还没有想法的事情做出预估时，我们很自然地就会寻找一些参考点。

一天，理查德的朋友苏珊对他说：“我觉得西班牙有大约 3500 万人口，但是我不是很确定。你觉得呢？”理查德想了想说，他估计西班牙的人口数量比苏珊猜测得要更多，大概会超过 4000 万。

同时，在小镇的另一边，本在其公司的策划会上声称，西班牙是欧洲最大的城市之一，有超过 8000 万人口，他的公司将加强在西班牙的营销力度。他的同事丽贝卡对他预估的西班牙人口数量提出了质疑，她认为可能会超过 6000 万。

这两个例子都与锚定有关。这四个人中没有一个人知道西班牙人口的确切数量，但是他们给出了预估值。我们不知道苏珊和本是如何得出了他们的预估值的，但是我们知道理查德和丽贝卡是根据苏珊和本给出的锚才得出了他们的预估值。在这种典型情况下，理查德和丽贝卡对西班牙人口数量（实际接近于4700万人）的预估（相对）是准确的。他们做了我们都会做的事情，他们按照他们认为的真实人口数量调整了苏珊和本所引用的数据。需要注意的是，当苏珊猜测的人口数量过低时，理查德的调整值仍然低于实际人口数量。同样，当本提供的人口数量过高时，丽贝卡的调整值也高于实际人口数量。这种对已知信息进行不充分调整的趋势，即使仅仅是猜测，也很常见，而且在被称为锚定的认知偏差中是一种真正的危险。

所有对企业管理有经验的读者都会意识到另一种锚定。老板走过来说我们必须削减业务成本，董事们已经在董事会上制定了一个目标，即要把成本降低15%，他需要我们在这周末前提供一个新的预算。通常在这种情况下，我们会做的是：我们为各自负责的领域提出具体预算，并且将每一项预算都削减15%，然后看看会怎么样。我们认为某些领域削减太多，而其他领域其实可以削减更多，所以做了一些修正，直到达到16%的平衡，这样会使老板开心一些，也使我们看起来对老板很好。

到目前为止，锚应当是显而易见的，即15%。当然，我们认为它不是个锚，它只是一条指令，而且我们把它调至16%是想让我们自己和老板都看起来更好。关于这个话题，有大量文献表明我们在削减成本时使用了错误的方式。如果董事们想尽可能地削减经营成本，假设锚为15%将仅表现为将企业积蓄限制在15%左右。更好的方法是被称为零预算的方法。使用这种方法时，任何领域的基础都是零成本。预算建立在已经被调整好的每一项成本的基础之上。实际上，锚已经被设定为零，而不是将原始的预算削减15%。这种预算方式可能产生超过15%的积蓄。如果不是这样，另一轮零预算将启动，它甚至会更仔细地审查对每一项的调整。

锚定在我们投资活动中更是经常出现。我们看到过一篇对席卷市场的新型电子产品持积极观点的文章。这些产品是由一家新公司开发的，这家公司由一位魅力非凡、年轻且杰出的技术高手担任首席执行官。这篇文章预测，这家公司在几年之内将成长为该领域的巨头，也许能够成为另一个苹果公司。我们在网络上关注着这家公司的发展，一切看起来都很好。

在这种情况下，我们会掉入各种认知偏差的陷阱。然而，我们需要注意以下锚定：

- 文章本身就对公司及其产品表达了积极的观点；
- 我们接受了“席卷市场”这一没有数据支持的宽泛的价值判断；
- “电子产品”“年轻且杰出的首席执行官”和史蒂夫·乔布斯创建的“苹果公司”及其发明。

这个锚定将我们放在了天平的另一边。当然，我们是聪明且有经验的投资者，所以我们不会相信这种炒作。但是在这样做的过程中，我们会在一个极端锚定值中进行调整。研究无数次表明，我们对商业现实和客观经验进行的向下调整将远远不够。我们很可能买入这家公司的股票，并为此花很多钱。

我们也可能天真地把自己锚定。我们向朋友们介绍这家公司，并告诉他们文章中所描述的它的伟大之处。我们问他们是怎么想的。大多数朋友可能都会很有礼貌，并倾向于认同我们的热情而不是打击我们。只有威廉对文章的观点提出了质疑，他是一位天生的怀疑论者。然而在这样做的过程中，即使是威廉都很难避免锚定，他很可能会根据文章对这家公司的积极预期提出一种不充分的调整。

我们可能都认为股票市场是大锚。股票的市场价格和整体市场水平的波动很大。当公司运营良好时，其股价可能非常高；当在行业中遇到逆风时，其股价可能会走低。查看股票过去的价格不难，难的是判断价格与价值的关系，因为在股市中，股票的价格是随价值和公司的财务状况波动的。

一天，格雷厄姆向我们介绍了他刚买入的股票。这只股票已经出现了问题，但是新的管理层正在纠正。就在 5 年前，当一切顺利的时候，该股的股价是 8.89 美元。当问题最严重时，股价跌至 2.35 美元，但是现在又涨起来了，他上周买入时，股价是 3.64 美元。需要注意的是，格雷厄姆已经以价格的形式给了我们一些非常精确的锚定值。但是他对价值的表述不是很精确，比如“当一切顺利时”和“当问题最严重时”。

在投资股票时，永恒的真理是价格是我们付出的，而价值是我们得到的。关于价值，格雷厄姆确实没告诉我们，但他已经在无意中把我们与价格锚定在一起：事情正在往正确的方向发展，但是当上周一切顺利的时候，股价是 8.89 美元。请注意，这是有史以来的最高价格。这是最贪婪的买家所支付的价格，并不是股票在客观标准下的价值，即内在价值。

我们断定，格雷厄姆已经给了我们很好的忠告，并且检验了价格。格雷厄姆的买入价是 3.64 美元，但是这周市场走低，股票的卖出价为 3.51 美元。我们认为，我们有讨价还价的余地，而且可以抢购一下。锚已经在我们投资决策中发挥了重要作用。如果几年前 8.89 美元的最高值与公司无关（因为业务和市场都已经发生了变化），那么我们可能做出了一个非常糟糕的投资决策。

伟大的投资者的做法是完全不同的，他们知道如何计算一只股票的内在价值，并会将其与市场价格比较。如果市场价格较低，他们可能买入，但是如果市场价格较高，他们会去寻找其他股票。伟大的投资者能够意识到锚，并且有意识地回避它们。

投资要义

锚是信息、观点、目标或者价格，在预估、评估情况或者判断价值时是一种无意识的起点。我们会以锚为起点进行调整，而这些调整通常是不充分的。更好的方式是建立一个不受锚影响的基础水平，并进行谨慎和合理的调整。就像对待所有认知偏差一样，最重要的第一步就是意识到锚的存在，它们在我们的生活中无处不在。

投资策略

1. 在我们开始向其他人咨询决策之前，我们自己需要先好好思考。在一张纸的中间画一条线，分别在左栏和右栏写下利弊，这是一种非常有用的方法。然后，当我们咨询其他人时，最好使用这份总结向他们展示问题的两面，并且避免说出我们的想法。问问他们对你对各种利弊的判断有什么看法，以及你是否在做出决策时忽略了某些方面。

2. 我们要避免只听取一个人的意见就行动，尤其是如果他们对我们表示赞同。我们应当找出那些与我们有不同观点的人的观点，并强调我们重视他们的观点。然后，我们会用能够找到的客观标准来检验他们的观点。

3. 关键是，我们要在开始谈判之前亲自进行调研。例如，我们应当写下用我们能够找到的最客观标准所计算出的市场价格或者合理价格。如果我们的对手设定了一个初始锚定价格，我们应当通过征求价格或者提出我们预先确定的合理价格来重设锚，并尝试将谈判的焦点放在调整我们的价格上。当然，如果我们在谈判中先征求价格或者提出价格，就可以设定对我们有利的锚定价格，但这个价格仍然是合理的，并且能够通过探讨来调整。

4. 在股市中，我们必须有一种用于计算股票内在价值的合理方法。它可能是我们计算出的一个绝对价格，也可能是一个使用某种比率来确定股票相对价值的公式。然后，我们会比较市场价格与内在价值，而且只有在价格合理时才考虑买入。内在价值不是一个精确的量，所以对我们来说，使用一种及以上评估内在价值的方法，并在我们的判断中使用估算范围是一种有价值的行为。

11

后视偏差：导致我们对成功率的不平衡记忆

我们都会陷入某些生活谜题，并尝试努力解决它们。例如，当方法不明确，而且我们需要的东西显然无法得到的时候，我们需要找到解决方法。在经历了很多错误的开始之后，我们找到了一个解决方案。我们会对自己感到满意，我们向我们的朋友尼尔描述了问题以及我们的思考过程，直到我们结束长篇大论，他什么都没说。当我们说出解决方案时，尼尔说："这是显而易见的！我本该告诉你的！"

在我们开始讲述之前，尼尔的确有可能已经知道了问题的答案，但更有可能的是，他是在我们讲故事的过程中才逐渐意识到了解决问题的方法，等到我们讲完，他真的相信他一直都知道问题的答案。如果把他的反应误认为不诚实也许有些苛刻，因为无论我们是否意识到，我们都会倾向于这种认知偏差。

如果我们不是先告诉尼尔我们解决问题的过程，而是先向他描述问题并问他该如何解决，很可能尼尔也会像我们一样感到困惑。但是，一旦我们把发现的一切都告诉他，他自然而然就会认为他事先已经知道一些东西，因此这完全不是一个难题。

最近，露西正一直告诉每个愿意听她讲话的人，她在股市上大赚了一笔。

她买了一只生物科技股，该公司已经募集到资金，用以尝试开发一种治疗关节炎的新方法。露西热情地向听众们详细讲述了大量的细节，比如她如何知道这家公司发现了一种对治疗起关键作用的新成分、该公司如何获得了专利以及如何完成了用以证明该成分对现有治疗有效的临床实验等。当露西讲述她的故事时，我被她记住的所有细节、清晰的推理过程以及她在整个过程中做出的完美判断所震撼。

当然，关节炎是一种常见的健康问题，人们对于治疗有很大的需求，而目前的很多治疗方法都是可以改进的。一种新的且更好的治疗方法必将获得媒体的广泛关注。通常情况下，媒体会从人类利益的角度来讲述这个故事，会对领导该项研究的化学家进行大篇幅的报道。她的故事讲述了她的团队是如何开始研发一种完全不同的治疗方法，却失败了。后来，机缘巧合，他们测试了治疗关节炎的成分，而且它的效果非常好。

后来我偶然发现，露西买入了 8 只生物科技股，发现治疗关节炎方法的那家公司只是其中一家。另外 7 家公司几乎花光了它们募集的所有种子资金却没发现什么，而且几乎毫无价值而言。所以，露西在股市中大赚了一笔几乎完全是靠她的好运气。

露西告诉所有人她知道的一切，而且她的故事是合情合理的。但是，她宣称在这些事情发生之前或者在它们被发现、证明或者公布之前，她就已经知道了。在我们认真思考露西的问题之前，如果我们回想一下就会发现，在生活中有很多人都会做这样的事，只是具体情况和细节不同罢了。

这些故事随着时间的推移而逐步展开。以后，我们很难记得开始时知道什么、后来学到了什么，现在我们相信我们一直都知道。换句话说，我们很难记住我们在什么时间记住了什么。结果就是，我们很自然地就容易高估了我们事先知道的东西。这并不是说露西在说谎，而是她在大脑中重构了事件发生的先后顺序，以至于她以为她比实际知道的更早。

尼尔和露西的故事揭示了一种很常见的认知偏差，这种偏差被称为后视偏差（hindsight bias），没有人能够幸免，而且更容易在其他人身上被发现。这是一种很难克服的认知偏差。最大的问题是，后视偏差使我们很难从经验中吸取教训，因为当我们做决策时，我们的思维重构了我们所知道的东西。

投资涉及决策，而决策的结果是不确定的，我们以后才能知道。这就使投资成了后视偏差的沃土。当投资进展良好，甚至比我们的预期还要好时，我们会认为自己比想象的更聪明。我们承担着巨大风险而获得好评，但事实上仅仅是好运气而已，正如露西一样。

结果就是，我们对自己的投资能力有了一种不切实际的观点。特别是，当我们做投资决策时，我们倾向于相信自己知道的比做的更多。这意味着我们有很强的倾向认为我们比现实中的自己更聪明。这会妨碍我们从经验中学习，并且很容易导致进一步的失败。

后视偏差也源于我们的另一种倾向：选择性记忆。在投资时，我们喜欢记住盈利，因为这是美好的回忆，但我们可能会刻意忘记失败，因为它让我们感到痛苦。当我们向其他人描述投资业绩时，我们会着重描述那些做得好并且能够表现出我们能力的投资。

我们都听朋友讲述过他们精彩的投资故事。大多数人可能都向他人讲述过自己的投资故事。精彩的故事中有激动人心的回忆，我们在口头重建了记忆中那些精彩的投资。每个人都爱讲精彩的故事，因为这些故事可以展现出我们是具有高超技能的优秀投资者。我们需要知道的是，尽管这些精彩故事是很好的消遣，让我们自我感觉良好，但是对于学习成为更优秀的投资者来说，它们是毫无帮助的。这是因为我们不太可能总想着那些糟糕的投资判断。如果我们总是提起它们，就会抱怨损失是因为运气不好，就会暗示自己这并不是我们的过错。

由于我们的选择性记忆，我们倾向于：

- 强化投资成功的记忆，我们倾向于认为那只是因为好运气；
- 抑制投资失败的记忆，如果我们回想起来，我们会将失败归咎于运气不好，而不是糟糕的决策。

其结果是，我们对相对于失败的胜利的数量形成了一种扭曲的记忆。同时，我们回避了为糟糕的判断承担责任。这夸大了我们对自己投资能力的预估，助长了我们对自己决策能力的过度自信。我们对成功率的不平衡记忆会导致我们承担更多的风险，这种风险比由真实投资记录所担保的风险更高，因为我们高估了未来成功的可能性，低估了未来失败的可能性。

选择性记忆由前文所介绍的倾向造成，它使我们无法准确地重建我们在投资时所知道的一切，除了我们后来发现的一切。我们倾向于假设自己知道在做决策时不可能知道的那些事情。

这两种倾向，即选择性记忆以及对我们当时知道、而不是事后知道的事情的错误重构，对我们从经验中学习的能力是致命的。

投资要义

后视偏差主要以两种方式对我们产生影响。一是当我们认识事物时，错误地重构历史。我们相信，我们早就知道它们，而事实上我们是后来才知道的。这导致我们认为自己在做决策时比平时更聪明。二是我们的记忆是有选择性的，因为它夸大了我们对正确决策的回忆，抑制了我们对糟糕决策的回忆。这导致我们认为自己是比实际更聪明的决策者，所以我们会变得过度自信，并且承担起超出我们真实承受能力的风险。

后视偏差更容易在他人身上被发现，而不是在我们自己身上。即使我们在其他人身上发现了，我们也很难解决自己的后视偏差问题，因为我们对历史的重塑和选择性记忆在很大程度上是无意识的。

投资策略

1. 仔细记录下我们的投资过程是很重要的。所有伟大的投资者都知道，良好的记录是很重要的，而且他们会花费大量的精力来记录。在任何时候，我们的投资记录都应当告诉我们，到目前为止以及过去几年我们的收益情况。除此以外，我们应当用一种能够在现实中为我们的投资业绩奠定良好基础的方式来对投资进行总结。对盈利和没有盈利的投资数量进行记录是非常重要的，而了解成功投资的总收益以及失败投资的总损失更有价值。这是因为投资的基本规则是在成功的投资中获利，而要迅速终止不成功的投资。因此，失败的投资可能比成功的投资更多，但少数赢家获得的收益应当远远高于那些操作不当且迅速卖出的人所遭受的损失。

2. 我会记录下我所做的每一笔投资。在开始买入某只股票前，我就会开始记录。当我做决策时，我会记下当时我知道什么以及理由是什么。这种记录必须当时完成，因为事后再做记录可能会发生后视偏差。我们的记忆会被无意识地重构，所以我们无法确定当时我们真正知道和不知道什么。所以，当我们管理投资时，我们应当及时记录下所有决策以及做决策时我们知道的事情。

当我们终止某笔投资时，我们需要对它进行评估，而且最好用写的方式来完成。不要以为我们知道所有没有出现在投资记录中的事情。假设我们忠于自我，这是我所知道的最强大的投资学习工具，因为它能够使我们重建自己在做决策时的所知和所想。这样，我们就可以战胜后视偏差了。

12 处置效应和展望理论：为什么我们总会做出非理性决策

所有缺乏经验的投资者都有一种不赚钱的倾向，那就是过早出售可盈利投资以及过久持有可能会失败的投资。很多人一直无法克服这种不良的投资行为。在学习成为优秀投资者的过程中，我们必须改变这种非常本能的行为模式。

这个问题不只发生在投资领域。研究人员首先通过研究赌博来了解它。这个研究导致了更多的一般研究，比如为什么人们会在面对不确定性且要做出选择时倾向于做出非理性决策。这在经济学中是非常重要的，而理论模型却假设人们总是做出理性选择。

一个重要的研究领域被称为处置效应（disposition effect），它是郝什·舍夫林和梅尔·斯特曼（Meir Statman）根据盖瑞·施拉宝（Gary Schlarbaum）、威尔伯·卢埃林（Wilbur Lewellen）和罗纳德·里斯（Ronald Lease）的发现而命名的，这三个人首先描述了卖出可盈利投资和持有亏损投资的倾向。

研究人员对股票市场投资者的研究结果已经在市场中得到了很好的验证。从有股市开始，投资者就一直在感慨，他们糟糕的业绩来自太多小盈利和太多大亏损。

12
处置效应和展望理论：为什么我们总会做出非理性决策

纵览投资文献中那些伟大的投资者给出的建议，其中的黄金准则是让利润流动起来并且迅速终止亏损。当我们考虑众多伟大投资者的观察所得时，这一点尤其重要，他们选股的正确次数和错误次数是相同的。在这种情况下，他们能够获得成功的唯一方式就是使利润的平均规模大于亏损的平均规模，并且他们持有获利股票的时间长于持有亏损股票的时间。

如果投资成功的关键之一是迅速卖出亏损投资并使获利投资增长，那么为什么普通投资者会经常做出相反的行为呢？而且，迅速卖出亏损投资并持有盈利会获得最好的结果理解起来很容易，为什么这么难做到呢？

研究人员进行了大量实验，他们为受访者提供了两种选择。

第一种选择是：

- 接受现有的确定收益；
- 接受以下情形导致的风险：（1）获得更多收益，或者（2）损失现有收益。

在这项研究中，大多数受访者选择了接受现有的确定收益。

第二种选择是：

- 接受现有的损失；
- 接受以下情形导致的风险：（1）更大损失，或者（2）可能不赚不赔。

在这项研究中，大多数受访者选择了接受更大损失的风险，却也有可能不赚不赔。

所有决策实验都取得了一致的结果。这些结果表明，人们压倒性地选择了确定的收益以及接受风险。换句话说，当他们有利可图时，他们不愿意冒险；当他们亏损时，他们愿意成为冒险家。这与伟大的投资者告诉我们的能够使投资成功的做法完全相反。

这些实验是理解处置效应和展望理论（prospect theory）的起点。这个理论关乎人们如何对待自己面临的选择，并评估替代结果的价值。为了理解它，我们需要了解三个重要的观点：心理账户、骄傲和遗憾以及自我控制。

心理账户是一个概念，来自人们趋向于独立看待每个投资事件的观点。投资者在进行投资时，会在心理开立一个新账户，参考点是初始成本。无论后来发生什么，投资者都会用收益或者损失的心理评分来对抗起始点。

在简单情况下，这不是一个问题。但是，当情况复杂并涉及决策时，保持每件事情在大脑中的独立记忆就是很大的挑战。由于使用这种方式会让我们完全无意识地重新定义问题，所以我们经常无法正确认识我们所面临的选择。

假设我们有一笔亏损的投资。我们的经纪人建议我们卖出这只股票，同时买入有更好预期的股票。我们拒绝了，因为我们正被要求在亏损时关闭心理账户，这在情感上对我们造成了伤害，而且还要做出新决策。勒罗伊·格罗斯（Leroy Gross）在其《销售无形资产的艺术》（*The Art of Selling Intangible*）一书中告诉经纪人如何建议投资者通过转移他们的资产来解决这个问题。通过重构这种情景，投资者就可以在心中做出一个决策，而不是进行两笔交易（在亏损时关闭心理账户，并且选择新的股票进行投资），他们也就避免了要面对亏损。

骄傲和遗憾是处置效应的重要组成部分之一。

我们拒绝承受损失，因为我们本该承认我们最初的投资决策是错误的。更糟糕的是，我们可能不得不向我们的另一半、我们的工作伙伴和我们的会计等人承认这一点。

一些人甚至害怕遭受损失，因为这涉及向他们的经纪人承认他们错了。不知为何，他们认为经纪人不会注意到他们的错误，除非以卖出的方式引起经纪人的注意。害怕向经纪人承认犯错是人们会选择网上交易的重要原因之一。当然，他们会说是因为网上交易更便宜。但是对很多人而言，真正的原因是他们可以买自己喜欢的，不用看经纪人的脸色行事，而且如果决策失误，也可以在他人毫不知情时卖出。

我们现在要讨论一下遗憾。遗憾是一种因现实而产生的情感伤害，比如如果我们在过去做出不同的决策，那么结果可能会好很多。我们都会尽量避免遗憾。

遗憾的另一方面就是在获利时卖出。当我们做出了成功的投资决策时，我们会对自己很满意。现在，我们想把自己的成功告诉他人。这就是骄傲。骄傲是当我们过去所做的决策得到了良好的执行时所体会到的一种情感回报。我们都试图寻求骄傲。

如果我们有避免遗憾、寻求骄傲的这种强烈倾向，很容易就会发现处置效应对我们有如此大影响的原因。我们早早收回了利润，以确定我们有值得骄傲的东西可以炫耀。如果价格下跌，利润从我们指间溜走，迅速拿到利润也可以避免遗憾。同理，我们不放弃亏损是期望我们能够避免它们，不想因为亏损而感到遗憾。

不愿意承受亏损和期待快速获利背后的原因是自我控制。我们可能缺乏自我控制，因为我们的灵魂中有两个相互冲突的部分：一个是理性的部分，它是我们的计划者；另一个是更加原始、感性的部分，它是我们的实干家。

对我们每个人来说，这两个部分的相对优势都不同。那些计划能力很强的人可能因为背景或者接受的训练而不易受到处置效应的影响。而那些实干能力强的投资者会通过持有亏损来避免遗憾，而且只要看到一点利润他们就会争取，从而体会骄傲。

经济学的一个原理是我们所做的每个决策都存在隐性成本，经济学家将这种隐性成本称为“机会成本”。举一个很容易理解的例子。比如，当我们决定把钱存入银行账户来获得3%的利息收益时，我们可能没有意识到这样做是有成本的。这种成本来源于我们没有充分利用的其他机会。假设我们选择投资政府债券，它比银行存款更安全，还能拿到5%的利息。经济学家说，选择银行存款的机会成本就是2%，并且可以将其视为我们选择较差投资方式的额外回报。

这种想法也适用于股票投资。假设我们持有一只股票，已经亏损了20%，而且拿到的股息也较之前减少了一半。如果我们持有亏损并希望这只股票变好，我们就错过了投资另一只有着更好的资本成长预期和更高股息的股票的机会。如果我们做一个大致的推测，即另一只股票的价格在明年可能增长10%，而且支付的股息比我们持有的股票高 3%，那么坚持持有陷入困境的公司股票的成本就比我们想象的要高得多。如果我们把决策重新定义为转向更好的预期而不是承担亏损，这将帮助我们摆脱当初为购买这只股票所做的错误决策而产生的遗憾。

投资要义

处置效应是一种“售盈持亏”的倾向，其原因在于展望理论背后的理念。以下三个概念可以解释处置效应。

- 心理账户：单独看待每笔投资。
- 寻求骄傲并避免遗憾。
- 自我控制：计划和实干。

理解机会成本对做出减少亏损并转向更好投资的决策很有帮助，这会引导我们避免处置效应产生的影响。

投资策略

1. 要成为一个更加理性的决策制定者。第一步是制订一份书面的投资计划。该计划应当清晰说明当我们购买股票时，我们希望发生什么。当成功时，我们应当在计划中制定一个继续坚持它的规则。计划中也应当清晰说明我们如何知道期待的事情没有发生，而且应当制定一个卖出并投资有更好前景的产品的规则。

2. 预先承诺声明能够帮助我们在遭受损失时避免处置效应。在投资前，设置止损线可能是最重要的一件事；在购买股票时，我们没有感情用事。那时，我们有最好的机会来理性地决定价格水平。如果股价跌至这个水平，那么我们在买入股票时所期待发生的就可能是错误的。

3. 如果我们将关注点放在庆幸自己遵循了计划而不是一笔投资的结果上，那么这对于减轻心理账户的影响是很有帮助的，也就避免了心理账户偏差。

4. 另一个策略是利用我从勒罗伊·格罗斯那里学到的观点来避免心理账户，同时提高机会成本观念的影响力：卖出亏损股票的同时转投更好的股票，而不是承受亏损。一种很好的方式是定期查看我们投资组合中的每一只股票。一个月一次可能太频繁。在澳大利亚，公司一年要报告两次，一般是在 2 月底和 8 月底，是回顾我们投资组合的正常时间。

我们应当每次只看一只来自投资组合的股票。为每只股票写下我们的想法是一条非常有用的原则。对每只股票只需要问两个问题：第一，它的表现令人满意吗？第二，如果不满意，继续持有的机会成本是多少？

为了回答第二个问题，我们需要自己做研究，并且确定一些我们可以投资的备选股票。对于我们持有的那些表现不佳的股票以及确定的那些备选股票来说，我们要对它们未来的发展前景做出最好的预估。如果备选股票的预期比持有的表现不佳的股票更好，那么我们就应当把这些表现不佳的股票换成那些有更好预期的股票。这个过程的作用在于，我们用书面形式确定了表现不佳的股票，并且要去考虑备选股票。除非我们这样做，否则持有表现不佳的股票太容易了，而且等于隐藏了这样做的机会成本。我们要将这样做视为隐藏了更好的机会。

13 沉没成本谬误：我们无法改变过去

1988 年至 1993 年，澳大利亚股票市场呈现横盘震荡格局。这种情况于 2009 年和 2013 年年初再次发生。对于那些积极的个人投资者来说，呈横盘震荡格局的市场是最难应对的。当市场持续上涨时，投资会比较容易，积极的个人投资者可以买入好股票并持有它们，必要时卖出那些业绩不佳的股票；当市场持续下跌时，同样很容易操作，积极的个人投资者会卖出那些业绩不佳的股票而持有现金。但是，当市场总体处于震荡格局时，即使是那些非常有经验的积极的个人投资者，也面临着遵循投资计划并且要完美止损的压力。

当然，被动投资者没有太多的决策要做，但是在市场周期的下行阶段，他们承受着未变现亏损和收入减少所带来的压力。如果他们为了生计不得不在错误的时间卖出投资，那么这就是灾难性的。

正如我们在第 12 章中提到的那样，成功的主动投资者应当明白，获得高收益的关键之一就是让利润流动起来，并迅速减少亏损。要毫不留情地迅速卖出那些未能如期实现的投资。另一方面，如果一笔投资刚开始就表现出预期的成功，那么这些投资者将谨慎地停留在初始位置上，并对达到预期所需要的投资时间表现出足够的耐心。

13

沉没成本谬误：我们无法改变过去

处置效应表明，这与大多数新手投资者的本能做法完全相反。新手投资者亏钱很常见，因为他们的做法完全相反。一旦他们的投资有了良好的业绩，他们通常会迅速攫取小利润，并且错过更多的利润。就错过机会而言，这已经很糟糕了，但是一旦出现问题，新手很可能会不知所措，而且无法减少亏损，这比他们持有下跌的股票还要糟糕。

这是一种用与天生本能相反的方式来思考的方法，已经被诸多最优秀的投资者所掌握，而且当我们开启从新手成为专家的投资之旅时，我们都会采取天生本能的方式。这是一个很大的课题，我们需要从一些认知偏差开始探讨。现在，我们将着重介绍优秀投资者优于新手的最重要方面之一：处理那些偏离了轨道的投资。巴菲特有一句名言是说，他的第一条原则是从不亏钱，第二条原则是从不忘记第一条原则。这就是这位伟大的投资者所认为的避免亏损的重要性，而他并不是唯一的伟大的投资者。讽刺的是，让很多新手感到困惑的是，避免亏损的反直觉方法就是接受它们。如果我们在一笔糟糕的投资中遭受亏损，虽然损失仍然很小，但也不会变得更多。不幸的是，这种情况经常发生。

大多数人做出终止亏损投资的决策是很难的，原因很复杂。其中一个有趣的原因是理查德·塞勒于 1980 年所描述的沉没成本谬误（Sunk Cost Fallacy）。这是投资者宁愿承受亏损也不想做出一个更理性决策的重要原因之一。

沉没成本是经济学中一个已经被大家接受的概念，它是一种已经发生却永远无法收回的费用。当无法收回的费用在头脑中被用于驱动一个非理性决策时，就产生了沉没成本谬误。有时候，我们已经在人们的行为中看出了沉没成本谬误，而他们却没有意识到。

十年前，杰森和黛安娜花了 450 000 美元买了他们的房子。随着 4 个孩子的长大，他们开始需要更多的卧室。杰森换了工作，现在工作的地点离他家很远，上下班路上花费的时间和路费令他感到沮丧。他非常希望搬到离工作地点更近的地方去，这对黛安娜也很有利，这样当她重新工作时也可以离工作地点近一些。他们把房子放到了市场上，但是过了几个月，他们收到的最高报价是

410 000美元。房产中介认为这是市场价。尽管黛安娜想接受这个报价，但是杰森固执地认为他是花450 000美元买的房子，不能410 000美元卖掉。他坚持己见，并且取消了出售计划。他们委托别人开始扩建房子，注定要长年累月花更多的钱和漫长的时间往返于工作地点和家。由于沉没成本谬误，他们做出了非理性决策。

看待沉没成本谬误的方法是：已经支付的钱是一种沉没成本，它与过去有关，它已经完成支付了，而且交易不会撤销。理性应对这种情况的方式是评估现在具有可能性的选择。对杰森和黛安娜而言，两个最显而易见的选择是：要么接受现在市场对他们房子的估价，然后搬到离杰森工作地点近的地方；要么继续扩建房子并住在这里，承受交通成本和不便。很明显，前者是更好的选择。这样，按照他们的意愿把房子放到市场上，然后他们就可以搬家了。阻碍他们做出理性决策的原因是杰森对房子原始价格的坚持，这个原始价格就是沉没成本，并不是一个相关的考虑因素，因为它在不同时期与不同市场相关联。

在投资中，股票的买入价是一种沉没成本。如果股价随着时间的推移而下跌，就可能无法确定其能否回到买入价。当投资者由于股票现价比其买入价低而不愿意对亏损做出理性决策时，沉没成本谬误就出现了。

大多数人都听说过这个推论，甚至在投资或者生活中用到过。几乎在任何时候，人们都会面对坚持错误方法或者通过改变方法来终止损失的选择。

作为投资者，要想避免沉没成本谬误，我们就需要改变思维方式。我们不得不在内心深处接受，我们今天或者明天做的一切、我们现在或者未来做的任何决策都不会改变过去发生的一切。我们唯一能做的就是从现在开始影响发生的一切。我们无法改变过去，但是我们可以影响未来。

我们买入股票所支付的钱就是沉没成本。我们现在拥有的是一堆只值现在售价的股票。如果我们耐着性子忍受亏损，价格可能会回到我们买入价，然后我们卖出股票而且不赚不亏，这是一种多么诱人的想象。这是大多数人最常见且最自然的思维方式，可是这种想象既放大了沉没成本谬误，也忽略了我们在

第 12 章处置效应和展望理论中讨论过的机会成本。

的确，价格在未来有可能会上涨，但也有可能会继续下跌。事实上，图表分析专家会告诉你，如果股票处在下跌的趋势中，它更有可能会继续下跌而不是上涨，因为趋势往往会持续下去。聪明的投资者对坏消息也有一条准则：在事情出现转机之前，往往坏消息会接二连三地出现。

解决方法就是改变我们对亏损投资的看法。我们需要列出可能性，包括：

1. 持有，希望并祈祷股价回到我们投资的初始价格；
2. 卖出并转向更好的投资机会；
3. 如果目前没有合适的投资机会就卖出它们，持现金等待更好的投资机会。

选项 2 和 3 是理性的选择，而选项 1 是沉没成本谬误在起作用。没有规定说我们必须以同样的方式弥补亏损。我们可以通过转向更好的投资来弥补不良投资的亏损，我们甚至可以做得更好来弥补我们在另一只股票上的亏损，因为在这个过程中我们可能会获得更多的股息。

还有另一种稍显极端的方式来解释这一点。假设我把枪顶在一位投资者的头上，给她一个选择：要么卖掉错误投资，要么被枪毙。她只有两种选择，所以一定会做出理性的判断。我要做的是强迫投资者忽略沉没成本，这是她为错误投资付出的代价，即使是在她想了一会儿这种极不可能的情况下。现在看来似乎也不那么重要了。

如果我请她在买回同一只股票或者买入其他股票之间做出选择，那么现在她很可能会做出理性决策来考虑所有其他选项，而不考虑沉没成本谬误。

理性投资者应当努力培养一种习惯，即忘记沉没成本，并始终关注所有可能性：继续持有、转换或者平仓。

或许，我们可以使用巴菲特的话结束本章。他曾经提醒大家，如果我们发现自己掉进了一个洞里，那么聪明的方法是停止挖掘。理查德·塞勒又加上了一句：还要开始考虑能够让你摆脱困境的所有备选项。

投资要义

当我们在当下做出非理性决策时，沉没成本谬误就会出现，因为我们会对过去发生的成本念念不忘，而不是采用现在对我们有利的最佳选择。我们无法改变过去，因为那已经发生和结束了。但是，我们可以为未来选择最优路线。

应对沉没成本谬论的第一步是意识到它的存在，以及它以不良投资形式所产生的破坏性。

投资策略

第 12 章（处置效应）介绍了应对投资中的沉没成本谬误的最好策略。在每个报告季后，我们要定期对我们的投资组合进行审视。这个过程最好形成一份正式的书面报告，因为我们很难把失败的想法赶出脑海，而去考虑已有的其他选择。确定业绩不良的投资，并且对比现在持有的业绩不良的投资去寻找并评估其他备选项，这会让我们重视继续持有业绩不良的投资的机会成本，将我们的注意力从沉没成本上转移。这会使转向其他投资变得更容易，因为我们关注的是利用那些业绩不良投资的价值的最佳方式，而不是我们为其投资了什么以及已经消失的部分价值。事实上，如果我们转投其他优秀的股票，那么我们可能会做得更好。

14

可得性偏差：投资中的“道听途说”

在生活中，我们经常要面对很多需要做决策的情形，但是我们常常没有办法掌握足够充分的信息，这被称为在不确定条件下做出决策。投资就是一个很好的例子，原因主要有以下两点。

- 未来总是未知的。然而，我们身边却从不缺少自称可以预测未来的人，他们有时会基于对过去的推测，有时会使用一些没有任何可靠基础的神秘方法。即使是备受尊敬的专家也无济于事。比如，有多少人能够提前预测出 2007 年会发生金融危机呢？
- 一定有可用信息，但是对于典型的个人投资者来说，发现并评估这些信息既耗时又很难完成，而且他们缺少投资教育，时间又有限。

这意味着我们都应当努力拓展投资知识，提高发现和评估信息的技能。这可能是一项永无止境、终生的任务，它会给我们带来金钱和满足感，却需要花费大量的时间和精力。实际上，我们需要以一种全新的专业方法来训练自己，这种方法可能与我们在中学、大学以及工作中使用的方法完全不同。

与从零开始做决策不同，我们探索这种的方法被称为启发法或者依赖于我们的直觉。启发法是我们可以通过经验法则的简单命名来识别的方法。它们可以作为我们专业的一部分得以传承，或者可以是我们通过正式学习发现某些事物或者生活体验而逐渐发展和完善的法则。直觉是我们本能地就知道某些事情是对还是错，而不是通过一个有意识的推理过程才知道的。我们拥有的实际经验越多，我们的启发法和直觉就可能越有效。

在投资中，常见的启发法包括只买那些有低市盈率、高股息率和低负债股权比率的股票。如果这些启发法在逻辑上是可靠的，而且被对其过去表现进行的研究证实有效，那么它们可能就是非常有价值的规则。至少作为深入发掘最佳机会候选名单的最初过滤器，它们是非常有效的。

当我们需要做决策时，我们可以使用这些启发法来理解我们需要面对的困境。我们把启发法应用于可得到的有限信息上。从某种程度上说，我们的启发法越接近现实，它就越能够为我们提供更好的服务。但是，大多数启发法都是不完美的，它们最多只是一种粗略的准则，并不能适用于所有情形。这就需要我们意识到决策过程中的误差和偏差。

适用于启发法的情形也适用于直觉。直觉在很大程度上基于我们的经验。经验是我们在过去看过或者读过的东西。如果我们的经验足够丰富，那么它就会非常有用。但是，我们的直觉也有其自身局限，就像我们的启发法一样。这主要是因为我们的记忆可能被一种叫作可得性的认知偏差所扭曲。我们曾在第 2 章对过度自信的介绍中提到过这种认知偏差。

可得性偏差（availability bias）每天都在影响着我们每个人，无论我们是否意识到。好消息是一旦我们意识到自己有多屈从于可得性偏差，我们就会开始有意识地面对它。坏消息是，继续忽视可得性偏差会导致我们做出非常糟糕的决策，如果不是错误的话。

可得性偏差是这样的：当我们需要对某件事做出判断或者表达观点时，我们会依赖于记忆。因此，我们会依据那些最容易想起的事给出自己的判断或观点，这些事来自我们的记忆。我们能够想到的将取决于我们接触到的事物、我们的经验和知识以及最近发生的或者给我们留下深刻印象的那些事。

举个例子。琼最近经历了一起车祸，这起车祸是由一个年轻人超速行驶所导致的。车祸是近期发生的，而且她的精神受到了一定影响，因此她印象非常深刻。一周后，她仍然对开车感到恐惧。当她约见朋友或者与他们通电话时，她就会提起这件事，这加深了她对这件事的记忆。毫不奇怪，当提到这起车祸时，她认为是年轻人导致了大多数车祸。这就是可得性启发法在起作用，琼从她最近且鲜活的经验中得出了这个结论。可得性启发法可能会在这时以及其他一些情形下很好地服务于她，因为这可能是她的结论的统计学基础。但是在很多情形下，可得性启发法可能导致她给出完全没有根据的结论。

我们不应当把可得性启发法视为纯粹的有负面影响偏差。很多时候，可得性启发法可以很好地服务于我们，因为经常发生的事件比很少发生的事件更有可能被记住，我们因此能够快速而准确地做出正确判断和形成有价值的观点。

然而，依赖于可得性启发法可能不仅会严重影响我们准确评估事件在过去的发生频率的能力，更重要的是还会影响我们对事件在未来发生的可能性的评估。当我们拥有的知识有限时，这种情况就会发生，以至于我们无法清楚地了解所有的可能性。当研究对象非常情绪化时，这种情况也会发生，就会在我们的记忆中留下印象，而这种印象会超出合理的比例。例如，仅仅是我们在报纸上读到过的一些情形，就能让我们感同身受地产生类似的痛苦感觉。电视也往往比静止的照片以及纸质媒体上的文字故事更生动化。

我父母那一代人在20世纪30年代的大萧条中受到了情感上的创伤，他们或者他们的父母在大萧条的熊市中损失了金钱，并且经历了多年的失业并接受了多年的失业救济金，而且一些人从未接受过他们本应当在正常时期接受的教育。

当厄尼还在上高中时，他看到父亲在股市中失去了积蓄，而且生意也在大萧条中失败了，他的家人花了十年时间来尽其所能地维持生活。厄尼从未忘记这些，甚至今天他会用自己微薄的所有收入来购买政府债券或者存入银行。很明显，这种投资策略受到了可得性启发法的驱动，这让厄尼采取了靠养老金生活的策略，而他本可以更好地使用存款来养老。

14

可得性偏差：投资中的“道听途说”

遗憾的是，21 世纪第一个 10 年结束时，股市再次戏剧性地大幅下跌，很多人在经济上受到了严重的损失。在余生中，他们在投资方面可能都会极度谨慎。他们不仅会将这种谨慎传承给他们的孩子，而且还会将这种观点强加给他们的朋友。可得性启发法将再次发挥作用。在他们看来，下一次股市大跌即将来临。然而，2007 年至 2009 年的熊市既不常见也没有频繁出现，1929 年、1974 年和 1987 年是 20 世纪最惨烈的几次熊市。可得性启发法让人感到悲哀的地方在于很多受到影响的人会基于糟糕的经验继续投资。

正如我们在厄尼的经验中所看到的那样，投资是一片可能产生可得性偏差的肥沃土壤。最常见的例子之一就是价格的波动。我们都听过这样一个观点：股票价格远比房地产价格更具波动性。我们有时甚至能听到这样的说法：股价经常下跌，但房地产价格一直在上涨。这种论断就是基于可得性启发法得出的。股票市场是一个活跃且声誉良好的市场。很容易比较的是，无论持股人身在何处，澳大利亚电信公司（Telstra）的所有股票都是一样的。我们能够在互联网上看到价格每时每刻都在发生变化，当然我们每天也能够在电视新闻和报纸上看到关于股价上涨和下跌的报道。与之相比，房地产价格的数据更难获得，而且这些数据在很长一段时间内都不会被频繁报道。此外，每一条街道上的每一所房子都是不同的，更不用提在不同的郊区和不同的州了。这种比较很难进行，所有人都知道谁需要买或者卖房子。很多房子在一代人中只会卖出一次，所以想要清楚知道价格的人没有参考点。

作为一个花费大量时间阅读和研究股票的投资者，我已经学会了在行动中分辨可得性偏差。

在一次聚会中，有人问我对一只股票的看法。当我正在回忆记忆中的信息时，一位名叫杰森的新手投资者比我抢先一步表达了他的观点，而这个观点建立在蕾切尔最近在某次午餐时告诉他的事情上。当我对蕾切尔的认知提出质疑时，她说她是从另一个朋友那里听说的，这个朋友的父亲在该公司的仓库工作。我立刻意识到可得性启发法正在发挥作用。我又问了几个问题，这些问题开始让杰森感到恼火，他承认他根据蕾切尔的内部消息对该公司进行了大笔投资。

通常，我可能不愿意表述一个观点，因为我要面对太多有冲突或者被模糊记忆的信息。我需要更深入地研究问题，并且会在有足够自信去表述它之前仔细地评估它。

可得性偏差的矫正方法是进行记忆替代研究。我们要非常谨慎，不要只依赖某只股票最近或者最容易被看到的报告，而要努力在可得事实的基础上形成一个全面的观点。当某些情形看起来是绝对黑白时，我们要特别谨慎，这需要我们用正面和负面因素来评估，否则我们就处于成为可得性启发法的受害者的巨大危险中。

投资要义

当我们的直觉和记忆是基于那些非常生动的、最近发生的或者影响我们个人的事件形成时，可得性偏差就会影响我们的决策能力。可得性偏差起作用是因为在所有类似情形中，只有小样本的现成可得性意味着我们可能会把重要性归因于某一特定原因。我们记忆中的一小部分样本的可得性意味着我们可能会做出糟糕的决策，因为我们没有看到基础概率。基础概率是从大量类似事件样本及其比例的数据中得到的，这些事件的比例可以归因于我们记得的原因。

投资策略

1. 当我们读到一篇有积极观点的文章或者听到某只股票的小道消息时，我们不应当在没有研究之前就采取行动，而应当看看是否还有其他观点。当关于某只股票的推荐或者小道消息是基于短期因素或者仅仅一两年的趋势而给出时，我们应当特别谨慎，我们必须收集更长时间内（如 10 年）的数据，这将给我们提供一个更加广阔的视角，并且了解这只股票在经济扩张和收缩时的表现。

2. 在同行业和其他行业中寻找一些备选股票。我们需要使用一些重要比率或者关键指标来衡量这些备选股票，这可以让我们更好地了解基本情况。我们的股票可能会涨得不错，也可能不会，但是无论它们有何趋势，我们不仅要避免失误，而且还要做出更好的决策，而不是按照一篇文章行事。

3. 无论我们何时读到或者听到任何人声称“大比例”时，比如某些事情发生的可能性有 80%~90%，我们都应当保持高度警惕。我们应当礼貌地询问或者研究基础概率。提问或者研究的问题包括：

- 概率是按照什么周期计算的？
- 测试样本的性质和规模是什么？
- 事件触发器是如何定义的？
- “发生”是如何定义的？

人们通常会基于他们的记忆给出主张，而记忆可能会受到可得性偏差的干扰：他们的样本太小且过于形象化，以至于无法给出所需的观点。

15

小数定律和回归均值：不是所有的历史都能重现

大多数读者会意识到这种概述了重力概念的直观说法：向上的一定会再向下。这种说法也可以应用于股市，因为长期的经验告诉我们，价格飙升的股票往往会被高估，所以可以这样说，现实迟早都会把它们的价格拉回现实。

代表性偏差和忽略基础概率都在之前的章节中介绍过。这些认知偏差的推论之一是一个陷阱，它甚至会影响那些接受了这样命题的人：似乎价格行为会受到一种金融重要性的影响。投资者会基于一个相反的观点做出他们的投资决策，即价格下跌的股票一定会再次上涨。这就犯了一个逻辑错误。

在某个层面上，他们有基础概率可以参考。这是价格回归均值的一种趋势。简而言之，这意味着价格会不时地高于或者低于其实际价值，可能变得不切实际地高或者低。而这仅仅是群体动力以及我们受恐惧和贪婪影响的一种表达方式。当人们被群体热情带动而用愚蠢的价格购买了股票时，贪婪将导致股价过高而超过其价值。当人们被大量的不确定性、恐惧和恐慌所包围而以任何价格卖出股票时，恐惧会导致股价过度下跌。

但是，这里有一个特殊的陷阱，那就是很多投资者都犯了一个严重的逻辑错误：回归均值并不适用于小样本。这被称为小数定律（law of small numbers）。回归均值只适用于非常大的样本或者大多数一般情形。

15
小数定律和回归均值：不是所有的历史都能重现

小数定律是说，就像对抗重力一样，如果一只股票曾经的交易价格是 20 美元，现在下跌至 10 美元，那么它就会因为价格便宜而成为一笔好投资，如果我们耐心地持有它，由于价格回归了均值，当一切恢复正常时，它的价格会回到 20 美元。这是由于它是一只蓝筹股的缘故，尽管在某种程度上它也暂缓了代表性偏差，而且允许小数定律发挥作用。

每十年都会有数以百计的股票上市交易，但是在这十年中，也会有几乎相同数量的股票退市。通常，新上市和退市的股票数量基本相同，主要有以下两个原因。

- 很多新公司成立是为了融资来寻找矿产、石油或者汽油，开发新药物或者新疗法，或者证明一种新的商业模式。而基础概率是有 70% ~ 90% 的公司会失败，会让股东亏损。
- 约瑟夫·熊彼特（Joseph Schumpeter）描述了不断进行和普遍的一个过程，这个过程是资本主义经济的一个组成部分，被称为创造性破坏。企业有成功的，也有失败的。有时，那些失败的企业可能重生，但是大多数企业要么失败，要么被更强的竞争者收购。

这是对大部分基础概率的表述。这个过程经常被夸大或者因经济周期而导致危机，但是它也反映了在竞争中创建新的成功企业以及让企业生存下去的难度。

蓝筹股生存下去的机会可能更大，因为它们的规模更大，有更专业的管理模式、更丰富的资源和储备。但是，这并不意味着任何下跌的蓝筹股都会及时恢复昔日的辉煌。

关于迷信小数定律的最好例子是伊萨山矿山公司（Mount Isa Mines，MIM）。我依然能够回想起该公司在澳大利亚证券交易所成为规模最大的股票的那个时刻。在伊萨山矿山公司达到顶峰之后的几十年中，无数投资者对它的二次发展依然保持信心，这就让很多经纪人发了财。实际上，伊萨山矿山公司在 20 世纪 80 年代和 90 年代被称为“经纪人的朋友”。然而，在被另一家更大的公司收购之前，伊萨山矿山公司从未回到其全盛期的水平。

蓝筹公司失了宠并走向了失败，或者在一种半死状态中挣扎了十年或者更长时间。你记得在被西农集团（Wesfarmers Limited）接管之前的科尔斯公司（Coles）吗？很多人也会想起安东尼父子公司（Anthony Horden & Sons）（以及其他很多大型百货公司）、Hooker 公司、阿德莱德银行（Adelaide Bank）、Repco 公司、Mainline 公司、Mineral 证券公司、Burns Philp 公司、Norman Ross 连锁商店、约翰·斯贝尔文思（John Spalvins）的阿得雷德船务公司（Adelaide Steamship）、HIH 保险公司、Centro 公司、埃迪·格罗夫斯（Eddie Groves）的 ABC 学习体系（ABC Learning Systems）、戴维·科（David Coe）的 Allco 公司、Babcok and Brown 公司、邦德公司（Bond Corporation）、帕斯明科公司（Pasminco）、罗恩·布瑞雷（Ron Brierley）的工业股票公司（Industrial Equity）、Elders 公司①、罗伯特·霍姆斯·阿·考特（Robert Holmes a Court）的贝尔资源公司（Bell Resources）以及安塞特公司（Ansett）等，其中很多公司都是备受争议的蓝筹股公司，它们令投资者损失了大部分或者全部的钱。

与蓝筹股有关的一个代表性陷阱就是广泛持有，而且这通常是正确的，基于回归均值的观点，每次股市整体下跌，蓝筹股迟早都会恢复，而且价格比以前高得多。所有投资者必须做的就是持有，而且不要恐惧。事实是，指数主要由蓝筹股构成，所以投资蓝筹股也是一种以对我们有利的方式实现均值回归的方法。

问题是构成指数的股票总是在变化。这是一种幸存者偏差（survivorship bias）。随着某只蓝筹股持续下跌或者跌下神坛，它会被另一只股票所取代。尽管指数上涨至新的高度也是事实，但是会这样做的一揽子股票并不完全相同。在 10 年前上一轮牛市中获胜的队伍在下赛季将不会派出相同的队员。

行业有兴衰，产品会经历成长、成熟和衰落的生命周期，组织会变得臃肿，政府的政策会发生变化，矿产可能被开采枯竭，新的技术会诞生。所以，这样的假设是很愚蠢并且过于简单的：一家曾经壮大的公司的股价已经下跌，而它一定会再次壮大的。原因之一是，任何股价已经下跌的公司都会及时恢复

① 我写本书时，Elders 公司还没有倒闭。

到它的顶峰状态的这种想法是不明智的。

另一个原因是环境在发生变化。很多公司达到巅峰状态是因为其对新技术有相当不切实际的期待，或者仅仅因为在达到巅峰状态时发生了一些不寻常的事情，比如可能是一场战争，或者是类似于20世纪70年代初期的石油价格震动。明智的人不会天真地认为在没有认真审视历史价格达到峰值时所处环境的条件下，价格会再次达到峰值。我们可能只看到了过去发生的以及现在正在发生的一两个例子的表面相似之处。这可能是可得性偏差，正像第14章介绍的那样；也可能是小数定律：我们根据小样本得出了宽泛的结论，而不是通过审视过去事件的大样本，来评估过去发生的任何事件会再次发生的可能性。换句话说，我们没有审视基础事件。

小数定律的对策是要对过去发生之事和现在发生之事的相似之处保持怀疑态度。记住，小数定律是有欺骗性的。虽然某件事情在过去发生过，但是这并不是它会再次发生的原因。导致它发生的条件需要在相同的环境下再次出现。我们应当强迫自己去研究和思考过往事件发生的真实原因及其发生的环境，并与现在进行比较。

投资要义

我们往往会假设回归均值适用于一只或者少数股票。但回归均值并不适用于小样本，这通常被称为小数定律。回归均值仅适用于非常大的样本或者多数一般情况。而且，过去发生之事可能没有指导性，因为原因和环境可能已经发生了变化。我们不应当假设某些事情仅仅因为过去发生过就必须按照相同的方式再次发生。我们要研究事件在当时和现在发生的原因，要从大样本中寻找统计数据来建立基本情况的概率。

投资策略

1. 阅读历史。我特别推荐以下几本书:《两个世纪的恐慌》(*Two Centuries of Panic*)、《金钱矿工》(*The Money Miners*)、《勇敢的骑士》(*The Bold Riders*)和《六个月的恐慌》(*Six Months of Panic*),它们都是特里沃·赛克斯(Trevor Sykes)的作品。据说,那些没有研究过历史教训的人可能要在他们的人生中以很艰难的方式学到。不是所有历史都能重现,所以好历史聚焦的是基于证据的原因,这让我们更容易看到当前形势的相似程度。请你用10分钟时间来访问www.delisted.com.au这个网站,浏览退市公司的名单,看看我们能记得多少。这样做能够帮助你了解一些基本情况。

2. 如果一只股票的价格已经下跌了一段时间,就总是有原因的。我们不应当假设它会自动再次上涨。在我们决定买入这只股票之前,我们应当做以下几件事。

(1)研究它,找到价格下跌的原因。要寻找具体原因,而不仅仅是观点。

(2)寻找问题正在被解决或者被隐藏的证据。最好的证据就是价格已经停止下跌并且正在开始上涨。如果不是这样,要么是我们行动过早,要么是有些事那些聪明的钱知道,而我们不知道。

(3)形成对公司及其所处行业的未来的认知。该公司所属的行业是一个成长性行业,还是一个日渐衰落的行业?建立在其所属行业和业务的繁荣和非理性繁荣时期的高价会一直保持并且被重复吗?

(4)一些行业是有周期性的(它们在经济扩张时期表现很好,在经济衰退期表现糟糕)。

(5)比起同行业或者在业务上有直接竞争关系的其他公司,这只股票表现得如何?

然后,我们应当记住机会成本。至少要用6个以上的其他投资机会与买入这只股票进行比较。如果评估结果比其他备选项好,那么我们就可以买入这只股票了。

16

价值投资的基本原理：利用过度反应的优势

股市似乎经常对新闻反应过度，而投资者对此从未停止过惊讶。坏消息带动股价下跌的幅度远超过新信息的可信度。同样，当有好消息公布时，股价也比合理分析所预期的要涨得快。

对大多数投资新手来说，这是一个惊喜，因为他们已经被学者引导着相信市场是有效的。有效是一个术语，意思是信息在市场上快速流动，并且被聪明的投资者准确评估，他们会迅速调整价格。有这样一种预期：市场不应当对消息过度反应，或者如果反应过度了，这种过度反应很快就会被聪明的投资者套利。

套利是另一个术语，是指价格差异在活跃的交易市场中被纠正的过程。举个简单的例子。比如有这样一只股票，它在纽约股票交易市场以 5 美元交易，在伦敦股票市场以 5.2 美元交易。一位套利者可以在纽约买入，然后在伦敦卖出获利。很快，纽约的价格将会上涨，伦敦的价格将会下跌，直到因价格差异呈现出的机会不复存在。

在我们讨论的这种情形下，合适的价格可能是 5.2 美元，但市场对来自纽约的一些负面消息反应过度，把价格下调至 5 美元。理论上，套利过程应当意味着买方在 5 美元看到了价值，并且带着价格将上涨至 5.2 美元的预期而买入了股票，他们的行为将使价格上涨至 5.2 美元。这就是有效市场如何运作的理论。但是，人们一再注意到，坏消息会使价格远低于其在某段时期的价格，而好消息会使价格比预期更高。

只要交易市场存在，股市就一直会对消息有过度反应。经济学和投资领域的思想领袖都注意到了这一点。更重要的是，它得到了大多数伟大的投资者的认可，并被充分利用，创造了巨大的财富。更正式地说，过度反应已经被转化为一种投资哲学或者一种被称为价值投资的投资方式。最著名的就是本杰明·格雷厄姆在《聪明的投资者》一书中阐述的观点。价值投资理念的追随者在股票和其他金融市场中的长期表现非常成功。

价值投资的成功以及那些从价格过度反应的其他表现中获利的投资者已经引起了一些学者的关注。他们对“市场在真实世界中的有效与主流学术理论阐述的一样”这种观点提出了质疑。他们研究了金融市场的实际情况，也进行了实验，想看看人们在限定情况而非实际情况下的行为，并且收集和分析了大量数据，试图了解人们的真实行为。毫无疑问，这些实验显示，人们在金融市场中的行为并不总是理性的。这就为设计更好的投资方式提供了机会。

对过度反应进行的最具影响力的研究是由沃纳·德邦特（Werner De Bondt）和理查德·塞勒于 20 世纪 80 年代中期进行的。他们的研究是在丹尼尔·卡尼曼（Daniel Kahneman）和其他人完成的工作（他们从概率论开始）的基础上进行的。在概率修正问题中，贝叶斯法则（Bayes' rule）描述了对新信息的正确反应。在评估概率时，过去的所有信息都被认为是适当的。卡尼曼等人能够证明贝叶斯规则并不能反映出人们对新信息有何实际反应。研究发现，人们对最新信息的重视程度远高于以前的数据。换句话说，他们会对最新信息反应过度，而倾向于忽略过去的数据，即使最新信息并不独特。这不仅发生在普通投资者身上，证券分析师和经济预测人士也会对近期新闻有过度反应。

德邦特和塞勒已经着手研究巴苏（Basu）和大卫·德雷曼（David Dreman）

特别提出的异常市盈率了。巴苏观察到，与高市盈率股票相比，市盈率极低的股票获得的风险调整收益率更高。特雷曼假设，一系列关于某家公司的坏消息会使市场低估其股票的价值（低市盈率）。同样，一系列的好消息会导致投资者高估这只股票的价值（高市盈率）。他假设事件将显示出这种过度反应的愚蠢，而且低市盈率股票的价格将上涨，而高市盈率股票的价格将下跌。德邦特和塞勒决定研究历史价格是否真的支持这样一个观点，即如果投资者以这种方式反应过度，那么随后的价格逆转应当可以从过去的数据中预测出。

重点是，他们开始着手研究过度反应假说能够让我们预测未来的价格趋势，而不是仅仅解释之后发生了什么。如果过度反应现象想要被用于改善投资结果，那么这样做就很重要。

在他们于 1986 年 7 月发表在《金融周刊》（*The Journal of Finance*）的题为《股市是否过度反应》（*Does the Stock Market Overreact?*）的文章中，德邦特和塞勒通过统计发现：

- 过去三年表现不佳的股票投资组合在未来三年的表现会比市场好；
- 过去三年表现好的股票投资组合在未来三年的表现没有市场好；
- 这种效应是不对称的，这意味着表现不佳的股票以 19.6% 的平均值跑赢了市场，但是表现强劲的股票只落后市场 5%；
- 结果也证实了本杰明·格雷厄姆的主张，即在实验的第二年和第三年，表现不佳的股票的业绩最好。

这些结果证明，过度反应是投资者需要意识到的一种现象。这也是一种清晰的暗示，暗示投资者在面临对公司持续不利或者有利的消息时应当尝试控制自己的情绪。然而，我们不应当过分强调这样做的难度。1998 年 1 月 7 日，巴巴拉·唐纳利（Barbara Donnelly）在其发表于《华尔街日报》（*Wall Street Journal*）的题为《你的钱很重要：投资者的过度反应可能会给股市带来机会》（*Your Money Matters: Investors' Overreactions May Yield Opportunities in the Stock Market*）的专栏文章中引用了塞勒的话：

投资这些股票令人提心吊胆。去年，我们中的一群人想把钱花在这个策略上。当他们看到我们挑选出的失败者名单时，他们退缩了，因为那些失败者看起来都很糟糕……德邦特补充道："按照理论，我应当买入那些失败者，我却不知道我是否要坚持。但话说回来，或许我的反应过度了。"

同样重要的是，他们对过度反应的研究趋向于证明驱动价值投资理念的假设。但是，在读者被购买低市盈率股票的可能性冲昏头脑之前，我要提出一个警告。他们的研究表明，低市盈率股票的投资组合的表现往往好于市场。这并不意味着任何低市盈率个股都会跑赢市场。一些甚至所有低市盈率的股票在任何一年都将继续是失败者。一直以来，投资理念倾向于基于大量实例的趋势，而不是确定性。这些理念并没有声称要对具体实例有任何说明。大多数投资者都不了解概率，而且也应用不好。相反，他们应用的是在第 15 章中介绍过的小数定律。

投资要义

当投资者过于关注近期新闻时，就会出现过度反应。研究证实了坏消息会导致过度反应的理论。特别是在未来三年中，有大量低市盈率股票的投资组合可能会跑赢市场，这是价值投资理念背后的基本原理。但是，这种效应只适用于低市盈率股票的投资组合，而不适用于一只或者少数低市盈率股票。

投资策略

1. 利用过度反应的优势。如果一只股票因为一些坏消息而被大量抛售，那么我们就要问问这种反应是否过度了，这样做过于关注短期情况，而不是长期情况。如果我们认为是这样，而且股票价值相对被低估，那么我们就可能会买入该股或者买入更多。然而，意识到我们在评估过程中有出错的风险也是很重要的。市场不理性的时间要比我们的资本坚持的时间更长。因此，重要的是要设定一个标准，我们不希望股价跌至这个标准以下，而且如果发生这种情况，那么我们就会立即卖出。

2. 构建价值被低估的股票的投资组合，而不是追随那些价值可能被高估的动力股的飙升趋势。重要的是持有低估值股票的多元化投资组合。将投资组合分散在多个行业，避免在某一行业中持有过多的股票。当然，一些低估值股票可能不会上涨，对于它们来说，如果价格低至我们不再想继续持有的水平时，就需要制定一定的卖出规则了。更重要的是要理解，价值投资研究适用于大量、广泛多元化的低估值股票的投资组合，而第 15 章介绍的小数定律并不适用：这些股票不会都上涨，但是投资组合作为一个整体却可能比市场上涨更多。大多数人没有足够的资金来持有大量股票，因此，价值投资的方式仅仅是一个简单的起点。这是一个大样本的均值回归。无论那些低估值股票表现如何，都不意味着任何一只或者任何少数股票会跑赢市场。在为我们的投资组合选择少数低估值股票时，我们需要引入其他学科的知识。

3. 如果我们已经买入了一只低估值股票，而且几年后，它扭亏为盈、价格飙升，我们可能就利用了过度反应趋势的优势。假设价格已经上涨，股票现在不再被低估，甚至不再被公平地评估，而是被严重高估，那么这时我们可能会认为下跌的风险非常高。这可能是一个捕捉由过度反应导致的超额价格的时机，所以卖出这只股票并转向一只新的低估值股票的时间不会太久了。

17

现状偏差：犹豫的人会落后

本章的标题是对谚语“犹豫的人必将丧失良机”的一种巧妙引申，它暗示了一种更常见的认知偏差，即惰性偏差（inertia bias）或者现状偏差（status quo bias）。这是一种普遍而相当自然的倾向，我们在一定程度上都会有所表现。当我们拖延时间而无法做出艰难决定时，现状偏差就会发挥它的作用。对一些人来说，当出现拖延倾向时，即使当决定很简单、明显且不重要时，情况也可能会变得更糟。

惰性或者现状困境来源于我们自我保护的本能。毕竟，如果我们决定做一件事，就必须对其好坏负责。如果我们知道我们的行动失败了，那么我们会感到遗憾。如果我们的行动是公开的，我们可能会招来批评，或者至少感觉人们正在对我们的行为进行无声的谴责。安全的做法就是什么都不做，并且满足于现状。

在某些情况下，几乎所有人都有拖延症。对我们中的一些人而言，这可能只是一个小问题，改正就好了。而对其他一些人而言，这是一个很严重的问题。当它妨碍我们做出或者实施重要的财务决策时，就可能会对我们的一生产生深远的影响。

17
现状偏差：犹豫的人会落后

朱迪思在一家大公司担任客户经理，擅长处理大额钱款。相比之下，她自己的财务状况显得微不足道。朱迪思因对其部门进行了高效管理而闻名，她能够迅速处理员工遇到的问题，并且为自己能够按时完成工作而感到骄傲。

但是对于她自己的事情，她有着截然不同的表现。当她准备退休时，她在做出投资自己的积蓄以保证退休生活水平的决策方面失败了。她一直是一个勤勤恳恳的人，深知自己应当投资有成长性的资产。然而，朱迪思已经把大多数积蓄都存入了银行并变成了定期存款，这些存款由于通货膨胀在逐渐减少，并没有维持它们的购买力。

每次朱迪思下决心要更好地专注于自己的投资时，她就会犹豫。她发现，做出这样的决策很困难，没有她按照公司政策去做工作决策那样容易。她并不确定是投资股票，还是投资房产。在她看来，每种投资都有很多未知数，而且很难决定哪些选择是最好的，因为它们都有自己的加分项和减分项。她害怕做决策，万一她犯了错，她会推迟做任何决策，并且寻找更多的信息来解决问题，以期这个决策在未来的某个时候能够变得清晰。当然，这从未发生：投资是在面临不确定性时做出决策。

朱迪思的部分问题已经在研究人员进行的我们如何做决策的研究报告中有所展现。很多实验发现，当仅在两种可能行为中存在选择时，惰性就不那么明显了。然而，可以选择的可能行为越多，我们就越有可能通过保持现状来避免做出决策。在超市进行的简单实验已经证实了这一点。在一种情况下，顾客被允许品尝一种产品的两种不同口味。在另一种情况下，他们被允许品尝这种产品的多种不同的口味。在第一种情况下，顾客购买其中一种口味的可能性比第二种情况要大得多，而在第二种情况下，他们选择不买任何一种口味，因为选择太多。

在投资中，我们对决策的结果以及可能采取的其他行动的结果都会感到不确定。不确定性之所以会出现，是因为我们很少能够获得完整信息，即使我们能够获得完整信息，这对未来投资表现的影响也不明确。当我们把它与在多种可买入股票或者多种我们可以购买的房产中做出选择的需要相结合时，这会让我们产生焦虑。这个问题可以通过什么都不做来解决，这可以避免我们做什么都被证明是错的以及我们会感到遗憾。

两个群体特别容易产生现状偏差。第一个群体是那些缺乏自我价值安全感的人。他们可能已经用了一生的时间来保护自己的低自尊，使自尊不要暴露在外。对他们来说，最危险的时刻就是当他们不得不做决定的时刻。当他们需要做决定时，他们会非常强烈地感觉到他们的自我价值已经岌岌可危。在大多数情况下的结果是他们会非常努力地尝试，无论是有意识还是无意识的，而不是对每件事情都做出决策。敏锐的读者会发现真正的问题：这个群体正在把他们的自我价值与其决策结果联系起来，这就使现状偏差有机可乘。他们可能会原地踏步。

一时的想法应当表明这是一个巨大的谬论。我们的自我价值应当与我们所做决定的结果区分开。每个人，无论他们的自我价值高还是低，每当他们需要做决定时，都会做出大致良好的决定，虽然事后看来，这些决定并不明智。

那些自我形象不佳的人会在把他们的自我与行为分开的过程中产生问题。他们把不好的行为解释为他们是坏人，而不是一个好人做了一个糟糕的决定。

第二个群体对犯错的恐惧尤为明显，他们通常被称为这个世界上的完美主义者。这些极端完美主义者往往无法做出任何类型的决定。他们为自己设置了很高的标准，对他们来说，失败可能是发生在他们身上最糟糕的事情。当面临任何决定时，完美主义者从未对次优（secondbest）感到过满意，他们将其视为失败。他们只能接受最好的结果，这就使他们不敢承诺任何事情。比起低自我价值安全感的那个群体，这个群体可能更需要基于更多的信息才能做出决定。最终的结果是除非有人拿枪对着他们的头，否则他们永远不会为重要的事情做出决定。

完美主义者在某种程度上无法接受基本事实，即完美最终是无法实现的。他们似乎无法允许自己成为人。

17

现状偏差：犹豫的人会落后

最可悲是那些低自我价值的完美主义者。他们会发现做出投资决策是一个特别困难的过程。

投资决策吸引拖延的原因在于投资的本质。在投资中，为了盈利，我们必须接受不确定性，这是不言而喻的。如果所有人都知道一些事情，就不可能从那些知识中盈利。因此，所有投资决策都会涉及一定程度的不确定性。

当我们想把一部分储蓄用于投资时，我们会有多种选择，按照确定性或者自信程度对它们进行排序是非常难的。总有些东西是我们不知道的，我们也许能够挖掘更多的信息来让做决策更简单一些。但是反常之处在于，如果有充分的信息能够使做决策变得简单，那么在大多数情况下，人们就不大可能从投资中获得收益。现在我们又回到了起点，即如果没有不确定性，那么获利的机会就极小。投资收益是靠明智的评估和假设不确定性来获得的。结果是无法确定的，除了那些收益近乎确定的投资选择，但是这种选择非常少。

对于我们这些遭遇现状偏差的人来说，无论程度是否很低，或者我们很少做决定，除非我们被其他人或者我们无法避免的事情所强迫，摆脱不确定性的捷径就是逃避做决定。我们给自己和其他人寻找的最常见借口就是我们需要寻找更多信息，或者除非有更多的证据，我们才会做决定。由于更多的信息从未完全排除不确定性和可供选择的备选项数量，所以我们都没有做决定，错过了所有的机会。这就是现实中的现状偏差：我们维持了现状。

当决定是否出售一笔投资时，不确定性问题要严重得多。有时，我们不确定投资是否进行得很糟糕以及是否应当被终止。总有一种诱惑让我们相信，只要我们坚持下去，它就有可能是正确的。这时，现状偏差就开始发挥作用了，所以我们会推迟做决定。在行业中，这被称为“希望交易”（hope trade），因为对我们来说，我们唯一能做的就是希望自己能够在某种程度上避免亏损。这种情况经常以糟糕的结局收场。

在其他时候，投资情况恶化已经很明显，我们应当退出以保护我们剩余的资本。如果出售的决定涉及兑现一笔亏损，就会非常难以做出。现在，完美主义者和那些自我形象差的人的唯一出路就是什么都不做，并且继续维持现状：他们继续持有，然后祈祷如果忽略这些问题，问题就会被解决。这种情况几乎总是以糟糕的结局收场。未被接受的初始损失总是比投资完全失败时的最终损失少得多，或者投资者达到了能够承受的极限，然后挽救了他们所剩无几的资本。

正如我们开始遇到的朱迪思一样，托马斯在做决定时也遇到了问题。他是个低自尊的人，因此总是在行动之前向朋友寻求安慰。这意味着托马斯做出的每个投资决策都与他所有的朋友进行了详细的讨论。最终结果是，托马斯所做的每个投资决策都是一个公开的决策，他的朋友们全都知道。

结果可想而知。当托马斯做出了一个正确决策的时候，他的朋友们会称赞他，并且希望因为指导他获得了好结果而被称赞。另一方面，当托马斯做了一笔糟糕的投资时，他的朋友们从不会放弃提醒他的机会。得道者多助，失道者寡助。时间久了，托马斯推迟了越来越多的决定，因此变得很不开心。

投资要义

当我们选择保持现状而不是做出投资决策时，现状偏差就出现了，这是因为结果是不确定的，而且选择太复杂。逃避做决定，我们就不必承担责任，这就意味着我们能够保护我们的自我，并且避免后悔。在寻找解决现状偏差的策略时，我们将为本章中提到的朱迪思和托马斯提供一些思路。

投资策略

1. 帮助朱迪思，尤其是托马斯制订一份书面的投资计划。如果他们都不具备制订这种计划的能力，那么他们就应当向具有专业资格的财务规划人士寻求帮助。考虑到朱迪思已经做得很糟糕，如果能让她开始建立自己的养老基金，那么为制订一份财务计划所支付的任何成本对她来说都会很划算。托马斯也会发现，为他制订一份计划的成本极大地降低了他在做决定时需要向同伴寻求安慰的需求：他现在有了一位专业的顾问。

一旦朱迪思有了计划，她就会把她自己的投资生活与工作联系起来，而在工作中，她能够非常高效地执行公司政策。如果有了一份好的计划，她就不会回顾她的投资。如果在做决定时遇到问题，她会翻阅计划或者向她的投资顾问寻求帮助。

这份计划将帮助朱迪思和托马斯迅速出售那些业绩不佳的投资。这是因为他们的计划中本应有一个目标回报。如果他们没有实现目标，他们就需要寻找原因。这个计划应当告诉他们，如果一笔投资没有业绩，他们就要去寻找更好的替代方案。

2. 当我们需要决定是否出售一只业绩不佳的股票时，我们就应当卖出它。那么既然这样做了，我们就应当问问自己，我们现在是否想要把它买回来？我的经验是不要回购。这里的窍门在于，要改变从拥有一只业绩不佳的股票到用现金投资的现状。在我们不大可能决定回购股票的情况下，这只会让经纪人付出代价，我们也有了明确当年税收亏损的优势。

3. 让人提醒我们犯了错误实际上是一个备受打击的简单问题，这就像我们在投资前或者投资时决心不与他人讨论我们的投资一样简单。事实上，最好也不要在事后谈论，以减少一些会扭曲我们记忆的其他认知偏差，就像前几章讨论的那样。在学习投资技巧的过程中，我遵循这个原则 20 多年，所以我知道它是多么有效。我现在会与我的网络会员聊起我的投资。我能这样做是因为我对我的投资计划有很大的信心，还因为当我在教授投资技巧时，我会把自己的投资经历作为案例。

4. 另一种可能的策略解决了我们无法回避的在家庭内外投资的问题。我们应当尝试把注意力放在我们整体的投资计划上，而不是个人投资计划上。每当我们认为我们必须讨论某只股票时，我们应当在我们多元化投资组合的背景下讨论，把我们的评论集中在它对整体目标的贡献上。如果有人向我们指出，我们持有的某只股票业绩不佳，我们可能会说："它在我的投资组合中只占2%。所有股票不会一起上涨。这只股票虽然拖了后腿，但是目前我还想保留它。我会认真地观察并持有，如果它的业绩持续变差，我会知道何时卖出它。"永远不要说那个时点在哪里。自告奋勇者总会这样说："顺便说一句，如果我的计划能够持续到年底，那么我的投资组合就会实现投资计划中的目标。"这会把注意力转回整个投资组合和我们的计划上，而不是某一只股票。

5. 在我们现有投资组合中克服现状偏差的一个好策略是，在报告季后对每只股票进行评估。不过，在我们开始回顾我们的投资组合之前，我们应当找到6只不错的备选股。然后，当我们审视投资组合中的每只股票时，我们可以使用一系列特定的关键比率或者财务指标将它们与6只备选股进行比较。如果它们没有赢，那么就要用备选股替换它们。

6. 为了避免现状偏差，我们可以将以往策略稍加变动，即在我们买入股票后，将这只股票的表现记录下来。如果它的现值低于一年前我们买入时的值，那么这就出了问题。然后，借用上文提到的6只备选股，并用其与我们所拥有的其他选择进行对比。

7. 有时，我会采用一种更激进却非常有效的策略。如果股市已经上涨了两三年，就卖出任意一只现值低于我们买入价的股票，前提是我们持有它至少一年的时间。这可以拿到现金，正如本章讨论的那样。我从未回购过那些股票。总是有更好的股票出现，我没有因为现状而买入。顺便说一下，对于目前还在我们投资组合中的那些业绩不佳者来说，这是一种很好的方法，因为过去的联系或者其他原因让我们将其视为老朋友。朋友在很多方面会丰富我们的生活，但是股票应当被用来赢得他们的友谊，或者保持友谊的机会成本将影响我们的财务生活。

18

为你做出的每个投资决策负责

一些关于投资的书籍经常会引用军事术语以及典故，书中写满了“投资战役”，而且满是关于市场战役、斗争、搏斗、先发制人、演习、策略、毒丸防御和战术等内容。尽管其中一些只是有趣的比喻，但是如果我们被问到第一次作为投资者在哪里参与了投资战役的时候，我们的答案会非常一致：在市场上。当我们开始投资的时候，我们本能地认为那些拥有最好或者最多知识的投资者将获胜。我们会主观地认为，只要我们知道的与那些伟大的投资者一样多，我们也能够获胜。

可悲的是，这是在学习成为一位成功投资者的过程中最大的死胡同之一。关键战役并不是在市场上打响，而是发生在我们的脑海中。帮助我们获胜的不是我们知道的那些决定投资结果的因素，而是我们的思维方式。最重要的是，成功的投资者会为其决定负责，而且不仅是在投资时，他们在生活中的各个方面也会这样做。

后悔是在我们决定买入股票并遭受重大亏损时感受到的不适或者痛苦。我们的后悔可能被现实所强化，比如我们考虑过却拒绝了的那些备选投资是可以盈利的。有时，后悔的感觉没那么强烈；而有时，这种感觉会非常强烈，而且几乎无法承受。我们感觉到后悔的强烈程度在很大程度上取决于我们对所发生事情的责任感。

一旦我们意识到我们对所发生之事的责任感越重，后悔的感觉就越强烈，我们就能明白我们是如何本能地试图缓解后悔这种感受的。我们都对为错误找个合理借口的艺术很敏感。当我们把损失归咎于他人或者脱离我们控制的某些事件时，我们的疼痛感就会得到缓解。如果我们能够找到一些人或者外部事件来为我们的不幸负责，我们就可以把自己定位为环境的受害者，就不用为我们的决定承担责任。这被称为“推卸责任”。

把责任转移给他人或者外部事件会让我们感觉更好，但这会严重阻碍我们学习高明的投资技巧的过程。那些伟大的投资者通常在很小的时候就知道，他们要对发生的事情负责，他们不仅要对自己的投资负责，还要对自己的整个人生负责。以此为基础，他们可以迅速地掌握技能。

分析他人身上发生的事情比分析发生在我们自己身上的事情要容易得多。如果我们仔细审视发生在他人身上的事情，我们通常可以看到，大多数事情已经被人们在某一时点所做的决定或者被他们对待身边发生之事的态度所决定。我们也看到了他们为了逃避责任而将问题归咎于他人或者外部事件的方式。正如在本书中介绍的大多数认知偏差一样，人们更容易看到他人的行为。事实上，尝试观察他人的行为是很有用的第一步，因为这会让我们更容易观察到我们总试图把损失归咎于我们无法控制的他人或者事情上。不成功的投资者会找到很多人和事情来为自己开脱，其中有两个最主要，那就是他们的经纪人或者投资顾问以及市场。

乔治在某投资杂志中看到一篇看涨行情的文章，其中提到了一家名为leftfield.com 的公司。这家公司凭借在互联网出售不同寻常的礼物的创意而进入市场。文章指出，研究表明，全球市场是巨大的，而且该公司已经在很多国家建立了策略联盟，小部分市场份额就将给公司带来丰厚的利润。乔治把文章拿给他的太太塔尼娅看，塔尼娅认为这看起来是一个了解互联网革命最新进程的好机会。然后，乔治给他们的经纪人打了电话。

经纪人同意乔治的观点，在众多网站中，leftfield.com 的发展前景看起来更好。但是他说，他所在公司的研究部门正在力推 casinoplus.com（一家提供在线博彩的公司）。他指出，博彩一定是一个比不同寻常的礼物更大的市场。

这给乔治带来了一个问题。他想选择 leftfield.com，但经纪人却推荐了 casinoplus.com。他与经纪人又讨论了一次，但还是没有决定。因为不想与乔治浪费的宝贵时间，经纪人提议两只股票都买入一些。乔治拒绝了这一提议，他说他的钱只够买入其中一只股票。

然后，经纪人建议乔治在行动前再考虑一下，并且把两家公司的研究报告拿给他研究。但是，乔治还是感觉他现在必须要做点什么。最后，经纪人告诉乔治要自己做决定，因为他也无法证明哪只股票是最好的。Leftfield.com 看起来不错，但分析师更青睐 casinoplus.com。乔治决定买入 casinoplus.com，他很快就成了 casinoplus.com 这只股票骄傲的股东。

casinoplus.com 在接下来的一周上涨了约 20%，但随后就开始下跌。很快，它就回到了乔治的买入价。经纪人发布了关于这家公司的研究报告，乔治对其中的内容感到满意。他给经纪人打了电话，经纪人说没有任何关于这家公司及其业务的新消息。乔治继续持有股票。在接下来的几个月中，casinoplus.com 的价格持续下跌。很多人都给经纪人打了电话，但经纪人并没有透露价格下跌的原因。价格跌至乔治买入价格的 50%、40%，然后 25%。乔治发现，股价已经低至无法卖出。最终，在三年后，casinoplus.com 被暂停交易，并引入了清算人。公司倒闭了，股东失去了一切。更令人恼火的是，现在 leftfield.com 的股价比乔治在杂志上读到那篇文章时高出了 300%。

乔治给他的经纪人取了各种名字。他告诉他所有的朋友，当他想买入 leftfield.com 时，他的经纪人让他买了 casinoplus.com。他说，他知道买哪只是对的，但是经纪人让他买了错的。乔治对于亏损感到非常难过，但是他确信这不是他的错。

很明显，乔治正在逃避责任。他的经纪人无权让他做任何事，只是提供了一个建议。没有乔治的指令，他无法买入任何一家公司。他确实对乔治说过投资 leftfield.com 是很有前景的，也为乔治提供了其所在公司研究部门关于投资 casionplus.com 的备选建议。比起那些对股票简单说“是”或者“否”而完全不考虑备选项的方式，这是一种非常合理的方式。经纪人还建议乔治认真阅读和研究两家公司的研究报告。然而，乔治还是决定他必须买入其中一只股票。所以，经纪人问乔治想买哪只股票。乔治做了两个决定：他现在必须买入其中一只股票，而且他要买入 casionplus.com。

可悲的是，由于逃避了对其投资决策的责任，乔治没有学到任何有用的东西。如果他认为他学到了，那就错了。事实是，乔治做了最初的买入决定。随后他还做了一系列决定，比如根据从经纪人那里获得的消息持有亏损的投资，这都是乔治做的决定。

对于投资新手来说，意识到乔治做出的所有决定并不容易，所以让我来告诉你这些决定都是什么。

- 乔治决定在没有对备选项进行仔细研究的情况下买入了股票，如果他有更多的备选项并且按照一些客观标准来权衡它们的话，可能会更好。
- 乔治决定只买两只股票中的一只。
- 乔治决定他必须立刻做决定，而不是先研究两份报告。
- 乔治决定买入 casionplus.com。
- 当股票陷入亏损时，乔治决定继续持有。需要注意两点：第一，他可能没有意识到，什么都没做就意味着他决定维持现状，决定不做任何事也是一个决定；第二，乔治似乎没有退出策略来控制损失。
- 随着 casinoplus.com 的进一步下跌，乔治一再决定保持现状。
- 乔治最终决定，损失太大了，他不得不像一艘船的船长一样，除了与他的船共同沉没、承受惨重损失以外，别无选择。当然，乔治可能并不知道他在做决定。

无论我们如何看待乔治最初选择 casinoplus.com，做出这个决策并不是他的问题。乔治的第一个问题是他把自己的决策失误归咎于他人，即他的经纪人，而不是承担责任。如果他为自己的决策承担责任，他就会从中学到一些东西。接着，乔治又因为没有控制最初决策的结果而把问题复杂化了，这可能是因为他没有意识到他正在做决策，而且他仍然把一切都归咎于他的经纪人。对乔治来说，关键问题是要学会承认他所做出的决策，然后为它们承担起责任。如果他已经制订了一个退出计划并且承担了责任，那么做出尽早减少损失的决策就可能容易得多。一旦乔治为自己的决策承担起责任，他就打开了学习提高决策能力的大门。

投资要义

当我们决定买入一只股票却导致亏损时，我们会感到后悔。我们对决定承担的责任越多，我们后悔的感受就越严重。后悔通常可以通过把损失归咎于他人或者我们无法控制的环境而被避免。我们也可能完全否认，当我们允许事态继续发展而不做任何事的时候，我们没有在做决定。但是，如果我们不为自己的决定承担起责任，我们就限制了从糟糕决策中学习的能力，也无法培养起未来做出更好决策的能力。

投资策略

1. 确定我们所做决策的一种有用方式是画一张决策流程图，图中应当包括决定投资而采用的步骤以及通过出售来管理投资的步骤。最初，我们的流程图会相当简单。然而，在我们不得不在备选项中做出选择或者采取某些行动的过程中，它会得到确定。

接着，当我们开始投资时，要试着越来越多地意识到我们做了多少个决策，这将包括最复杂的决策：我们只是让现状保持下去。记住，每天都有可以获取的新信息以价格或者新闻的形式出现。在大多数情况下，我们会迅速考虑，而不会采取任何行动。要知道，在这样做的时候，我们已经做了一个决策。不采取任何行动是一个不改变现状的决策，也是一个不采取任何行动的决策。

随着时间的推移，如果我们把所有决策都纳入流程图，我们将显著提高我们对所做决策的意识，并且开始为这些决策负责。

2. 我们对所有决策负责的方式是把它们纳入书面的投资计划。我们的投资计划应当包括对我们需要做出的每种决策的描述，以及我们将如何做决策。这是一种非常强大的工具。在管理投资的压力之下，我们的计划应当为我们提供做决策的规则和指导方针。由于这个计划是在我们的自我价值参与投资之前被写好的，它将成为做出更好决策的良好基础。

3. 一种非常强大的辅助手段是，为我们的每一笔投资写周记或者日记。为了了解我们在无意中做了多少决策、我们每天拥有多少只股票，我们应当在日记中记录两点：第一，任何到手的新消息；第二，我们做了什么决策及其原因。如果有新消息，我们必须做决策，而且必须写下原因。记住，什么都不做也是一个决策，我们应当有决定什么都不做的原因。

这是一个严苛的规则，但是如果坚持一年或者更久（从我的经验看，需要更久），它将极大地提高我们做决策的意识，而不倾向于过程。

同时，我们应当为所有其他投资写周记。这些周记可能不那么详细，而且可能只记录了导致我们做决策的那些重要的新信息。当这种情况发生时，我们要记录下这些信息是什么、我们决定做什么（包括保持现状）以及决定背后的原因。

我自己保留了这些记录，并且吃惊于我对自己所做决策的了解程度，写下做出这些决策背后的原因确实提高了我的决策能力。

4. 在面对市场压力时，不得不做出投资决策是非常困难的。或许，我们在投资中需要做出的最重要决策就是保护我们的资金，换句话说就是在小的初始亏损变成巨额且无法挽回的亏损之前尽早止损。关键是要知道，我们或许能够避免后悔的最后一刻就是在我们下单购买股票之前。

当我们买入一只股票时，我们应当对可能发生的事情有一定的预期，它将给我们带来收益流和资本增长。我们必须能够界定它何时发生。一旦我们能够界定它何时发生，我们就能够界定它何时不会发生，这就是我们觉得投资决策有失误的时候，并且应当立即止损。在大多数情况下，这可能是价格水平，如果股价跌破这一水平，我们要及时止损，并寻找更好的替代投资。我们应当在下单买入股票前记录下这个价格水平。后续我们可能向上调整它，但不会降低。列出我们持有的所有股票的卖点来帮助我们做功课是一个很好的主意，这样我们就很难忽略它们。

这种策略背后的强大想法是，我们能够为止损感到骄傲而继续遵循计划，而不是简单地将最初的决策视为错误。

19

确认偏差：你越确定自己正确，风险就越大

我们都知道当我们爱上另一个人时会发生什么：我们更想看到他 / 她所有的优点，并在头脑中放大这些优点，可能还会想象一些不存在的东西。我们轻而易举地发现了他 / 她更多的优点。更重要的是，我们无意中忽略了他 / 她的缺点。我们可能很难发现他 / 她的缺点，而且即使这样做了，也很容易为这些缺点找到合理的理由。我们甚至可能认为爱的目的会变化，而且他 / 她个性中任何令我们感到不舒服的地方都会消失。如果有人让我们注意到了他 / 她的不良行为，我们就会倾向于保护他 / 她，否认其行为是很重要的或者是有问题的。

马克是一位经验丰富的医学专家，接受过专业培训，能够很好地分析和解决问题。在与同事交谈的过程中，马克说他有些钱可以用于投资。玛丽告诉他，她刚刚投资了 Medicine Direct 公司，该公司是她哥哥发起成立的，直接为患者提供处方药。患者通过互联网订购和邮寄拿到药品，而不是通过零售药店。玛丽对这个理念很感兴趣，并且说服马克可以试试。

第二天，玛丽给马克拿来了招股说明书，她在上面标注了一些她认为的这家新公司值得关注的重点。马克很忙，所以他发现很容易从玛丽标注的重点中找到支持这种新商业模式的论据。他注意到了大量的财务数据，这让他很难理

解，但是也有一些介绍商业销售、盈利和分红的简单图表看起来不错。

马克向他的太太安娜讲述了这个投资想法。碰巧，安娜正好那天去了当地的药店，发现她已经服用多年的一种处方药从政府补贴中取消了，而她不得不支付比以前多得多的钱。因此，她喜欢任何可以降低药品价格的方法，她认为这是一个重要且日益严重的问题。然而，安娜知道她和马克都不是有经验的投资者，所以她建议要更多地了解一下 Medicine Direct 公司。

马克注意到，招股说明书中列出的一位经纪人是股市中一家新公司的保荐人。马克认为这位经纪人可能更了解 Medicine Direct 公司。他给这个经纪人打了电话，并且与客户顾问杰森聊了聊。杰森告诉他，他最近刚与玛丽的哥哥和他公司的会计一起吃过午餐。这次午餐令杰森很兴奋，他向马克保证，尽管他自己不被允许买股票，但是他已经安排了很多朋友在首次公开募股（IPO）时买入一些份额。

当马克到家时，安娜告诉他，她在网上读到一篇关于即将上市的公司的文章，该文章为 Medicine Direct 公司描绘出一个非常有前景的预期。她还发现，已经认购该公司股票的投资者在一些投资聊天群中表现出了巨大的热情。马克和安娜决定在 IPO 时买入大量份额，晚餐时他们想象着他们可以提前退休了。

遗憾的是，就像很多类似的故事一样，这个故事并没有好的结局。他们在 IPO 时为 Medicine Direct 公司的股票支付了 50 美分。股票以 78 美分开始交易。在接下来的几天里，随着投资者的涌入，股价飙升至 1.3 美元。马克和安娜满腔热情地在报纸和杂志上寻找歌颂这家公司承诺的报道。在接下来的 6 个月里，Medicine Direct 的股价稳定在 3 美元左右，然后趋于稳定。很快，股价开始跌至 2.7 美元。马克问玛丽原因，玛丽又问她哥哥，而哥哥向她保证一切都很好，只有少数人才能达到政府的监管要求。马克给杰森打电话，可杰森向他保证，这些问题只是暂时的。

在接下来的一年半里，Medicine Direct 公司的股价跌至 2.4 美元，反弹至 2.6 美元，如此反复，跌至 1.5 美元。尽管聊天室已经安静了，但是马克和杰森认为这只是运气不好，企业顺利经营所需要的时间将比预期更长。某杂志上的一篇长文指出互联网 / 直邮业务是一种新浪潮，Medicine Direct 公司是众多希望开拓机会的公司之一，这坚定了马克和玛丽的决心。

Medicine Direct 公司清除了它的监管障碍，并重新开始运营。股价已经跌至 1 美元以下，但是借助新闻又恢复到 1.2 美元。马克和安娜松了口气。然而接下来的几个月，股价越来越低，甚至低于了马克和安娜买入时的 50 美分。与监管机构斗争的成本似乎超出了预算，这就削减了用于广告的资金。顾客对于这种新购买方式的接受度不高。由于销量比预期低，成本比预期高，Medicine Direct 公司开始入不敷出，股价跌至 12 美分。后来，Medicine Direct 公司的股票停牌，公司开始与银行家谈判。但是，没有人会借给公司更多的钱，董事们请来了清算机构。玛丽的哥哥宣告公司破产。

这仅仅是运气不好吗？可能不是，因为马克和安娜在这笔投资中的所作所为是我们都会犯的最常见的错误之一。他们陷入了“确认偏差”（confirmation bias）。从很大程度上说，这是一种无意识的认知偏差，我们曾在前文关于过度自信的内容中提到过。

就像本章开始时我们描述所爱之人一样，我们爱上了我们的投资。我们可能只会注意到并寻找那些能够确认我们想要相信之事的证据。更糟糕的是，我们也可能会回避和忽略那些与我们想法相悖的证据。马克和安娜只向那些对自己感兴趣或者已经喜欢上了 Medicine Direct 公司的人寻求了建议。

确认偏差之所以存在是因为没有人喜欢犯错。我们发现自己很难接受那些质疑我们的决定的证据。我们也在决定中投入了自己的形象，特别是当我们把它们公之于众的时候。

然而，还有比这更重要的。研究显示，在试图验证一个假设时，人们的倾向是寻找确认的、正面的证据，而不是寻找矛盾的、负面的证据。

作为一位投资者，我们会首先考虑买入股票。我们必须记住，我们从别人那里买入了股票。他们可能是 IPO 企业的所有者或者发起人，也可能是股市中现有的股东。如果我们只看到能够通过购买股票获利，我们就应当停下来问问为什么会有人把股票卖给我们，至少是以我们认为的如此有吸引力的价格。一定会有不同的观点。这些观点可能是错误的，但同样，我们也有可能是错的那些人。

在投资中，应对确认偏差有两个关键因素：第一，我们要意识到，确认偏差会影响每个人，我们也不例外，识别陷阱是避免它的第一步；第二，找出反对的意见。你越是确定自己是正确的，出现确认偏差的危险就越大。问问自己有什么问题吗？不要给保荐人打电话，要给竞争对手打电话；不要问发起人的妹妹，要问问他的竞争对手。

投资要义

确认偏差是一种常见的认知偏差。当我们通过寻找越来越多确定的证据来支持自己的观点时就会发生确认偏差。我们没有努力地去了解有人会以我们提出的价格把股票卖给我们的原因。当我们最确定自己的观点时，我们正处于确认偏差的最大危险中。

投资策略

1．做出股票投资决策的最好方法通常是列出我们正想购买的股票的利弊并权衡利弊。如果我们只看到了利和极少的弊（如果有），我们就需要寻找反对者。如果我们必须请其他人来帮助我们找出不买股票的原因，我们应当避免告诉他们自己有多想买，也不要询问他们对股票的整体看法。相反，我们应当明确提出反对购买的观点，让他们作为辩论的另一方，扮演唱反调的角色。最终，也请他们挑战你想购买的所有观点。

2．避免向那些对你买股票感兴趣的人征求意见。公司的管理层、房产经纪人的分析师、写过赞美公司文章的记者、公司员工以及供应商或者与公司有业务往来的人都应当回避。最好向竞争公司的管理层或者员工，或者熟知投资知识且对该公司完全不感兴趣的人寻求建议。

3．当我们有钱投资一只新股票时，最好不要想着只买一只股票。列出 4 ~ 6 只股票，并且按照合理且客观的标准对它们进行评估，找出最好的一只。我们可能会很意外地发现，当我们只考虑一只股票的时候，我们最初的设想并没有想象中的那样好。这种考虑备选项的策略也有助于避免机会成本：更好的回报来自备选项，它是我们最初关注的那只股票。

20

投资冲动与即时满足

耐心和有原则是投资者需要具备的两个重要特质。我研究过的所有伟大投资者似乎都有这些特质，但是很明显，很多人的性格中缺乏这些特质。他们冲动，这与即时满足的需求有关。当然，必须承认的是，这种对即时满足的需求被广告实现了，它承诺我们现在就可以拥有我们想要的任何东西，然后再付款，而且通常是无息的。

很多人的即时满足偏差或者倾向是受非常本能的冲动所驱使的。一方面，我们寻找快乐，它鼓励我们为获得即时满足而抢夺某些东西；另一方面，我们要避免伤害，被鼓励延迟付款，尽管代价在那时很难确定。

研究冲动障碍（impulsiveness disorder）的科学家用老鼠进行了一项实验，这些老鼠必须触发某种设备才能吃到食物。他们有两种设备可以选择，一种设备可以不断地提供少量食物奖励，另一种设备可以提供相当多的食物，只是稍有延迟。实验发现，无论延迟的奖励有多大，老鼠总是选择即时奖励而不是延迟奖励。这就为另一个发现提供了支持，即人类的行为方式非常相似。没有什么地方比股市更具自我毁灭性了。对即时满足的需求会导致人们缺乏耐心和冲动的行为。

研究人员在非常小的孩子身上进行了相同的实验。孩子们马上可以得到一块曲奇，或者如果他们愿意等等，就会得到两块曲奇。有些孩子马上就吃了一块曲奇，而其他孩子等着得到两块曲奇。这项研究的一个有趣之处在于，研究人员在接下来10年对这些孩子的跟踪中发现，能够延迟满足的孩子比那些立刻吃掉曲奇而获得即时满足的孩子能更好地应对生活中的压力和挫折。

即时满足的需求与正强化（positive reinforcement）需求之间似乎也有某种联系。当训练动物时，对训练员希望重复的那些行为进行立刻奖励就是在使用正强化的方法，这是一种标准的训练方法。例如，如果训练员叫一只狗过来，狗立刻跑了过来，那么它就会得到奖励。人类也是这样被训练的。如果我们做得好，而且立刻就得到了感谢或者称赞，下次我们的表现可能也会很好。

很多年前人们注意到，大多数人不会看汽车广告，除非他们准备买车，这不足为奇。令人惊讶的是，对某辆车的广告最感兴趣的人正是那些刚刚买了车的人。人们发现，他们正在为刚刚做出的决定寻找即时的正强化。

当我做销售工作时，赞美并强化买家刚刚做出的决定是标准惯例，这可以让买家对其决定感到满意。他们也可能买得更多，但不大可能在冷静时改变主意。事实上，汽车生产商经常会给其现有车主发送广告，以强化他们买车的决定。显然，大多数人都强烈地感受到自己需要立即得到积极的反馈和保证。

区分最佳投资者与普通投资者的方法是，成功的投资者在不同的时间框架下都可以很好地进行投资。好的投资者既有耐心，也有原则。普通投资者既没有耐心，也会冲动。好的投资者的方法更符合有效投资的现实，而普通投资者则会与现实脱节。我们知道，为了做成某件事，我们需要采用那些基于现实的观点和行为。

投资的现实是收益不总是立刻、稳定地到来，股票的价格总是涨涨跌跌。我们判断股价有上涨的趋势，所以我们会买入。但是，这种趋势可能相当不稳定，而且股价在我们买入后可能不会立即上涨。事实上，我们很有可能采取更有效的行动，因为那时是我们对买入感到最自信的时候，而且趋势的调整是必然的。

很多经验不足的投资者会在股价开始下跌时惊慌失措地将其持有的股票抛售。这时，股市会非常接近调整的底部，然后趋势会恢复，而投资者已经离开了。通常，即使一笔最终可能非常成功的投资也可能会出现亏损。缺乏即时满足使我们冲动地卖出，这证明我们犯了一个错误。

当我们买入股票并以股价立即上涨的方式得到了正强化时，更重要的陷阱就出现了。这种即时满足让我们对买入决定感到满意，即使股价跌破我们的买入价，甚至低于我们的止损点时，我们仍然会持有股票。

正强化需求的另一方面是，即使我们因最初的调整和账面上良好的资本收益而继续持有股票，这也存在潜在风险。趋势中的每次上涨都为我们展示出账面利润的增加；每次调整都会带走一些账面利润。缺乏持续的正强化导致我们通过卖出来寻求即时满足，因为我们会失去利润。更常见的情况是投资者会攫取快且小的利润，而不是继续持有，让利润增长。

到目前为止，我们已经了解了投资的两个基本原则：第一，赢得游戏的唯一方式是与赢家在一起，让我们的利润实现增长，而对正强化和即时满足的需求使大多数人抓住了小利润，或者在亏损时卖出了能够赚更多钱的投资；第二，真正破坏我们成果的是那些大输家。我的经验已经反复证明，最聪明和最勤勉的人能够选出足够好的股票来获得成功，但一些巨额亏损抵销了我们在好股票上的收益。当我观察输家时发现，他们往往买入的是一只直线上涨然后又快速下跌的股票。他们的收益一路下滑，因为他们最初的满足感和正强化让他们非常不情愿卖出。

投资的另一个现实是，收益在我们的投资组合中并不均衡。经济学家们意识到了帕累托法则（Pareto principle），即投资组合中大约 20% 的股票贡献了 80% 的利润。这一法则也适用于时间，即大约 80% 的收益是由我们持有投资大约 20% 的时间产生的。

这就是耐心和原则。我们必须让时间为我们效劳。我们要继续持有盈利的部分，迅速剔除亏损的部分。我们不期望每只股票都会一直上涨，因为我们投资组合中的每只股票都会在不同时间出现波动。遗憾的是，大多数投资者当看到投资组合中的一些股票出现上涨时，就剔除了那些还没有波动的股票。通常情况下，这是过去业绩良好的股票进入调整之时，也是落后股票开始有所行动之时。结果是投资者把账面利润还给了最近发生波动的股票，而错失了他们过早卖出的股票的利润。他们对即时满足和正强化的追逐让他们在错误的时间卖出了股票。

关键是要坚持下去：要有耐心，要坚持原则。

投资要义

老鼠和人类都更喜欢即时奖励而不是之后的更大奖励。结果是，普通投资者会冲动且没有耐心，而不是有原则和有耐心。我们对正强化有深层次的需求，这会使我们迅速攫取快而小的利益，却让亏损变得更严重。我们应当做相反的事，即让我们的利润持续增长，并且在亏损仍然很小的时候就迅速止损。

投资策略

1. 我们都应当制订一份书面的财务或者投资计划，这份计划的出发点应当是我们的长期目标。这个长期目标应当被分解成短期的中级财务目标。我们应当通过计算和记录我们的进步积极地审视我们实现长期目标的进展。关注长期目标将通过鼓励长期满足的需求，帮助我们减少对即时满足的需求。很多人发现，用图表的形式来记录他们实现目标的过程很有用。

2. 我们的投资计划中也要说明我们如何实现财务目标和中期目标。如果我们记录下如何管理每一笔投资，并且与计划中详细列出的策略做对比，这更容易让我们保持收益并使利润增加，而只剔除那些对保护我们的资产来说很必要的损失。

3. 就止损而言，我要提出一个重要目标。然而，这存在一种风险，即我们会变得过分热心于这样做，而没有给我们的投资时间和空间来让它们变得更好。我们应当设定一个价格，当我们以这个价格买入股票时，我们会对预期发生的事情感到担忧，这是我们可以不受情感影响而对其进行评估的最后时刻。我们的计划应当是让一只股票的股价在高于我们的触发价格上运行，当价格水平交叉的时候卖出。我们应当定期审视我们所持有的每只股票（一周一次即可），并记录下仍然持有它的原因，因为它高于我们已设定的亏损线。同样，如果价格低于我们必须止损的价格，我们就记录下卖出了它。这会让我们关注我们的计划，而不是关注与我们的买入价相对的每日价格水平，关注每日价格可能导致我们通过过早卖出来寻求即时满足。

21 谨防对随机事件的解释与预测

了解伟大的投资者如何思考的原因之一是我们要培养自己的思维方式。我们要努力尝试的是让我们的想法更接近现实。作为投资者，我们获得成功的大小在很大程度上取决于我们正在努力做的事以及我们追求的结果，它们都是现实的。问题在于，现实是非常难以捉摸的。我们都会通过自己的视角，比如我们的知识、我们的生活经历、我们的信仰、我们的个性以及我们成长的态度来观察世界。

不同的人会以完全相反的方式来解读同一事实，我们都有过这样的经历。由于我们每个人对世界的看法都不同于其他人，所以我们很难确定我们或者他们，或者两者都没能够正确地看待事物。

长期以来，人类已经发展出了理性的思维方式以及证明什么是真实、什么是不真实的方式，这被称为科学法（scientific method）。我们对事实进行检验，并提出一个假设，然后用数据测试该假设，而不是使用提出假设所基于的那些数据。另一个人应当能够重复我们的测试并得到相同的结果。思考这些的一种有用方式是，假设仅仅是一个关于世界是什么的观点。它又是一个观点，直到它被独立的测试证明。

21
谨防对随机事件的解释与预测

在投资中，就像在生活的其他方面一样，我们通过观察形成了很多观点。然而，我们往往是非常“不充分”的观察者。这是因为我们在处理随机性方面存在很大的困难，特别是当事情特别偶然地发生或者存在时。当面对一种没有明确解释的情况时，我们经常感到非常不舒服。我们会寻找一个解释，不管它的事实基础有多么脆弱。然后我们感觉会稍好，会更放松。

我有过这样的亲身经历。2006 年的一天，我和我的同伴去徒步旅行，我从 10 米高的悬崖掉了下来。幸运的是，我还活着，但是正如我所知道的那样，当大脑受到损伤时，我无法回忆起跌落的情形或者它是如何发生的。我能够想起一些事情，却无法想起当时我为什么会摔倒以及我是如何摔倒的。当然，每个听说这件事的人都会问这是怎么回事。当我说我不知道并解释创伤会破坏从短期记忆正常转移至长期记忆的过程的时候，很多人都表现出了不满意，他们想知道更多的细节。然后，他们会抓住无论是事实还是其他事情来构建一个解释，并试图说服我。当然，我不能以这样或者那样的方式来判断他们的解释。然而，一旦他们做了一些事情解决了一个悬而未决的问题，即使没有事实根据，他们通常都会感到更放松。

我们有着令人难以置信的强烈倾向，即要在随机行为中找到模式和含义。想想你或者他人有多少次想象过云朵的形状。图表分析人员和技术分析师是要为这种失败负责的，至少在某些时候。

有几个原因使我们有强烈的倾向想要在随机性中找到某种模式。而最有可能的原因，正如在我掉下悬崖的故事中所看到的那样，我们中的大多数人都渴望对发生的一切做出解释。我们非常不愿意相信某些事情会因为没有明显或者合乎逻辑的原因而发生，或者原因是不可知的。

例如，股票价格的短期波动通常在很大程度上是相当随机和不可预测的。然而，每天我们都会在报纸上读到股价发生变化的原因，这是因为记者的职责就是解释这些涨跌。他们会先假设价格的变化有一个基于因果关系的逻辑解释，所以他们会四处寻找原因，并且总能找到一个。假设市场昨天下跌，利率在当天早上上升，那么故事将是高利率将减少利润，从而导致了下跌。现在假设市场昨天出现了上涨，那么，故事就可能是利率的上升表明储备银行正在防控经济过热，而且因为这有利于商业，所以这是上涨的原因。这里所发生的一切是记者通过一种逻辑解释将两个事件联系了起来，这可能或者可能不会与价格在当天发生变化的原因有关，它可能是众多原因中的一个，甚至不是最重要的原因。

在刚刚给出的例子中，人们很容易接受这两种解释是合乎逻辑和完整的，很多人没有任何质疑就接受了记者所写的内容。实际上，人们很难反驳这样的解释，因为现代经济的复杂体系中存在很多不断变化的变量。这可能有多种原因，尤其对每个市场参与者而言，当天供应越多，价格就会下跌；当天需求越多，价格就会上涨。如果一个大买家在价格下跌的当天吃完午餐后晚了一些回来，而且直到第二天才把他的订单投入市场，那么情况就可能已经发生了变化。在随机情况下，我们需要非常小心，我们看不到行为模式或者逻辑原因，因为它们根本不存在。

我们需要接受的是，很多事情的发生是没有明显原因的，或者发生纯属偶然。如果确实有原因，我们也无法知道。在这些情况下，有些人会将事件的发生归因于命运。这可能没有什么坏处，但是在某种程度上，我们否认了纯粹的机会，可能会干扰我们对现实的看法。这可能会对我们的投资决策产生不利影响。

另一种有损于我们的决策能力的方式是在巧合中创造意义。某个小镇的一家商店三次卖出了中奖彩票。几个星期或者几个月后，人们会从城市开车到小镇上的这家商店来购买彩票。关于这种不合理行为的故事数不胜数。对彩票买家来说可能相对无害，但是在股市中应用这种推理可能会严重影响我们的收益。

人们基于机会做出糟糕决策的另一种方式是迷信。例如，我们可能注意到，我们最后三笔成功的股票购买是在星期一进行的，我们可能会因此得出这样的结论：星期一是我们购买股票的幸运日。这种对何时购买股票异想天开的解释将无助于我们成功地做出股票交易决策。

投资要义

生活和金融市场中的很多事情都是偶然发生的。我们会对随机发生或者无法解释的事情感到不适，并倾向于编造一些理由，而这些理由并不完全基于证据。如果我们根据自己编造的模式来解释随机行为，特别是在股票市场上，就可能影响我们的收益，并将妨碍自己学习如何适当处理那些随机或者令人费解的事件。

投资策略

1．当有人对市场上发生的某个事件进行解释时，我们应当保持高度警惕。当事件的发生可能纯属偶然或者没有已知原因时，他们可能只是想出了一种可能的解释。可能的解释并不是事实。我们应当问问自己，这种解释是否有任何确凿的证据，或者这种解释是否只是把一些可能性拼凑成了一个听起来令人信服的故事？这个证据可能与被解释的内容无关吗？总之，我们应当持怀疑态度并质疑一切。

2．当对事件发生原因的评论变为一种预测时，我们应当特别小心。在这种情况下，我们必须先假设对事件的解释是可疑的，因此根据它得出的预测同样是可疑的。人类通常都不善于对未来进行预测。我的观点是要忽略预言，或者至少是高度怀疑。

3．我们都会很自然地去寻找预测，即使在强有力的证据面前，我们也不可能准确地预测短期事件。一个更好的方法是只评估我们投资的条件。我们可以制定一个适合这些条件的策略并执行它。如果我们投资的条件发生了变化，我们要相应地调整策略。

22

正常化偏误：让我们在面临危险时束手无策

历史上发生过很多灾难，比如维苏威火山（Mount Vesuvius）在公元 79 年的爆发、20 世纪 30 年代至 1945 年的欧洲大屠杀以及 2009 年 2 月被称为“黑色星期六”的澳大利亚维多利亚州山火等，那些受影响的人似乎只是束手无策，而不是立即采取行动来拯救自己。危险是真实和明确的，但是很多身处危险中的人仍然在正常生活，直到他们生命结束。

同样的现象也经常出现在股市上，我们在 1974 年的熊市中就能够看到。1987 年股市崩溃时，人们茫然且不知所措。大多数投资者在 2008 年全球金融危机爆发时目瞪口呆，他们持有的股票财富每个月都在无情地减少。这一点也在股市的微观层面有所表现，市场上很多被看好的个股开始下跌，然后逐渐被人们遗忘，拿走了大多数股东的财富。

描述这种现象的常用术语有“否认状态”“分析瘫痪”和“鸵鸟行为”（据说鸵鸟会在面临即将到来的危险时把头埋进沙子）。然而，它的学名是正常化偏误（normalcy bias）。

当我们面临迫在眉睫的危险时，我们很容易自然而然地陷入某种心理状态，这时的我们往往会做出以下几件事：

- 低估或者否认灾难正在逼近我们或者正在我们身边发生；
- 极度低估、最小化、否认或者不了解可能的后果；
- 我们将警告解释为过度反应，心理上只将其斥为“掩盖其背后行径的”权威，并将潜在危险合理化，而且并不真正地严重。群体中那些在我们周围发出警告的人通常被描述成极端分子、怪人以及现代的预言家。

在这种心理状态下，当危险成为现实并包围我们的时候，我们没有采取任何保护行动。

当然，这个过程对每个人来说都是不一样的。我们可能已经注意到，当某些情形突然发生时，很多人会尖叫和束手无策，还有一些人仍会保持冷静和高度警惕，他们通常是那些带领尖叫者走向安全和继续努力的人。

然而，正常化偏误的表现比这更严重一些，因为危险或者灾难通常是逐渐显现出来的。我们应当能够预见它的到来，但是我们没有这样做。其中一个原因是，即使在平静和没有任何威胁的情况下，我们也要用 10 秒钟的时间来处理新的信息。当我们面临的威胁是即时的、前所未有的、模糊的、复杂的、充满压力的时候，我们可能无法制定出有效的应对方法，所以我们就会束手无措。

这种不作为可以让我们混迹于群体中，等待有人来带头。如果有人承担起领导责任，可能会采取有效的行动，但是如果很多人聚集在一起，比如当火灾、洪水、火山喷发、种族灭绝或者市场崩溃时，情况就会很困难。

正常化偏误部分源自我们自然而然地认为如果某件事以前没有发生过，它也不会在现在或者未来发生。在股票市场中，这也可以表现为对历史的无知。

2009 年年初的一天，一位男性在听过我的演讲后找到我，说他从来没有想过股市会在 2008 年至 2009 年下跌。我指出这种情况曾经发生过很多次，但是他并不接受。他的年龄看着与我差不多，于是我问他是否记得 1974 年可怕的熊市，他的回答是他当时对股市并没有兴趣。这就是缺乏历史知识会让我们没有意识到过去发生的灾难的原因。如果我们不知道以前发生过这样的危机，那么我们现在就无法想象它会发生了。

这是正常化偏误的基本假设：如果我们没有经历过一些事情，或者甚至没有听说它发生过，我们就可能会拒绝相信这种可能性，并拒绝所有的警告。我们会退回到我们正常、习惯和舒适的安全区，蜷缩在一张安全毯下。

我们否认灾难发生的可能性，甚至它们实际上正在发生。这意味着，一旦它们袭来，我们根本无法有效地应对它们。在每个熊市或者企业倒闭时都会有很多故事，投资者会眼睁睁地看着自己的股票迅速下跌。

投资要义

正常化偏误是我们在面对危险时会束手无策的一种自然的本能。我们否认危险是真实存在的，因为我们认为它从来没有发生过或者完全超出了我们的经验范围。我们低估了风险。当灾难向我们袭来时，我们可能会以身体或者心理抱团的形式聚集在一起。

投资策略

1. 通过阅读历史，我们可以知道金融市场和企业界之前发生的事情。然而，比这更简单的方法是熟悉股票市场的长期图表。我在本章的附录中附上了一些（见图 22-1 至图 22-7）。不要只是看看它们，而是要研究。看看每次下跌的百分比是多少，看看下跌发生的频率。

2. 一个非常有效的策略是，强迫自己想象出一个比所知道的最严重的市场灾难还要更糟糕的情形。然后考虑它的影响，制定一个策略来保护我们的资本，以便我们在它发生时能够采取果断和有效的行动。我们要在心中经常预演它的发生并执行我们的策略。在第 3 章中，我描述了我在 1987 年是如何这样做的。

3. 同样，我们应当阅读企业倒闭的历史，并在头脑中形成企业如何倒闭的情景。想想股票图表会是什么样子的？要注意的关键迹象是什么？显然，最重要的就是要早日找到出路。然而，如果我们认为自己被困在一个没有预想到的情景中，我们可以设置多元化和止损策略，这意味着即使企业倒闭、令我们失望，它也不会破坏我们资本的可管理部分。

4. 准备是关键。我们应当为我们能够想到的投资灾难制定一系列书面行动策略。但是，我们必须实事求是。有一些事可能不太可能发生，我们可以排除它们。灾难策略的目的是让我们做好准备，不至于手足无措，它应当把重点放在我们应当采取的优先行动上。通过这种方式，我们将避免同时尝试做所有的事情，而实际上除了混乱之外，我们什么也做不了。每次金融灾难之后，我们总会听到关于有多少人没有应对灾难的策略的故事，或者即使他们有，也会因为他们存在正常化偏误而没有实施这些策略。他们中的大多数人失去了大部分财富或者破产了。如果我们时刻保持警惕，并且执行我们的财务计划，我们就可以大大增加我们的生存机会。

附录：长期市场图表

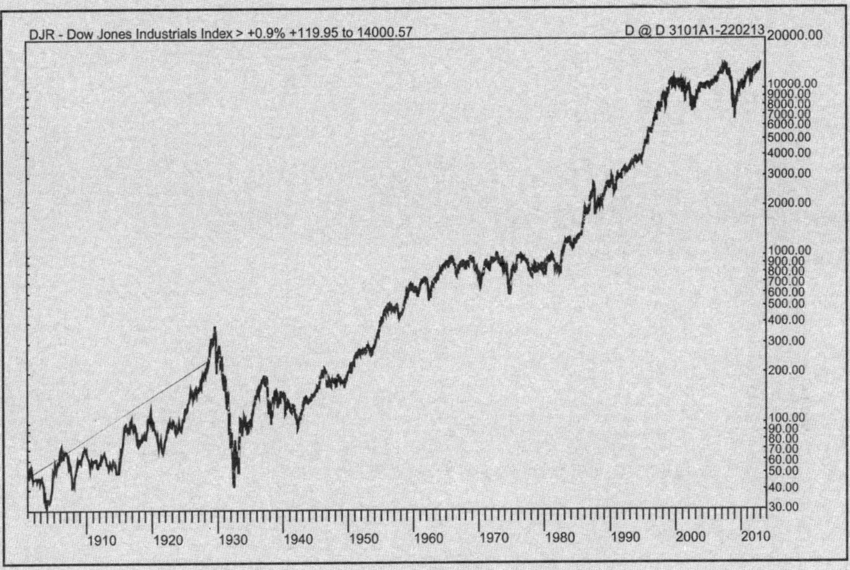

图 22-1　美国：道琼斯工业平均指数

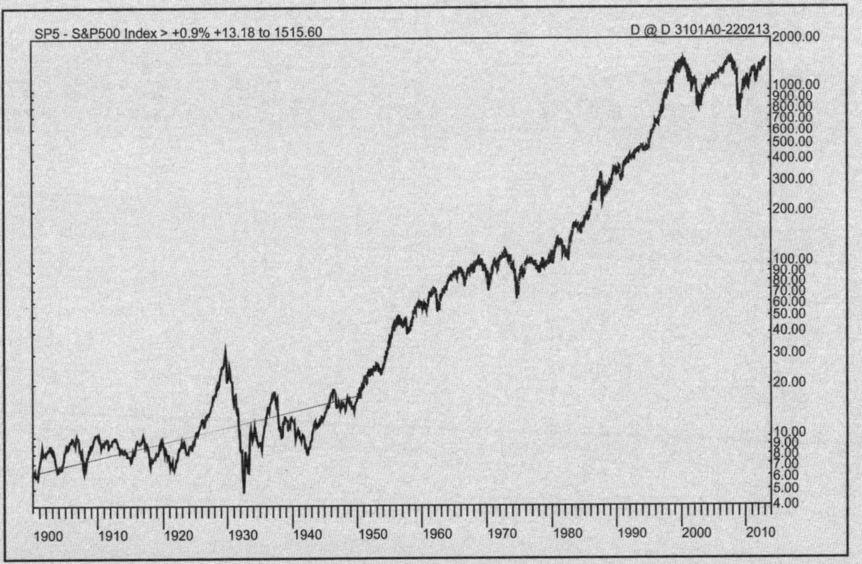

图 22-2　美国：标普 500 指数

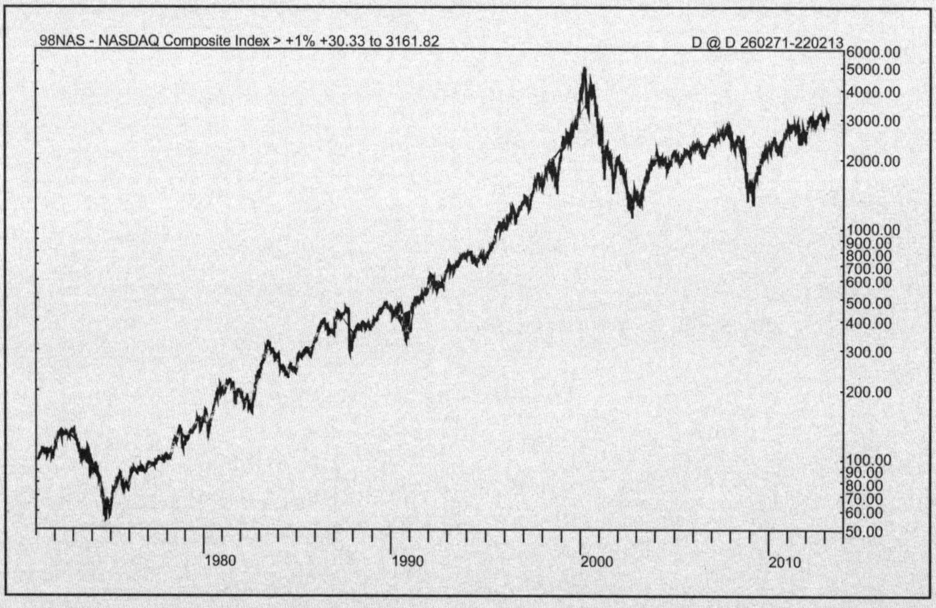

图 22-3　美国：纳斯达克综合指数

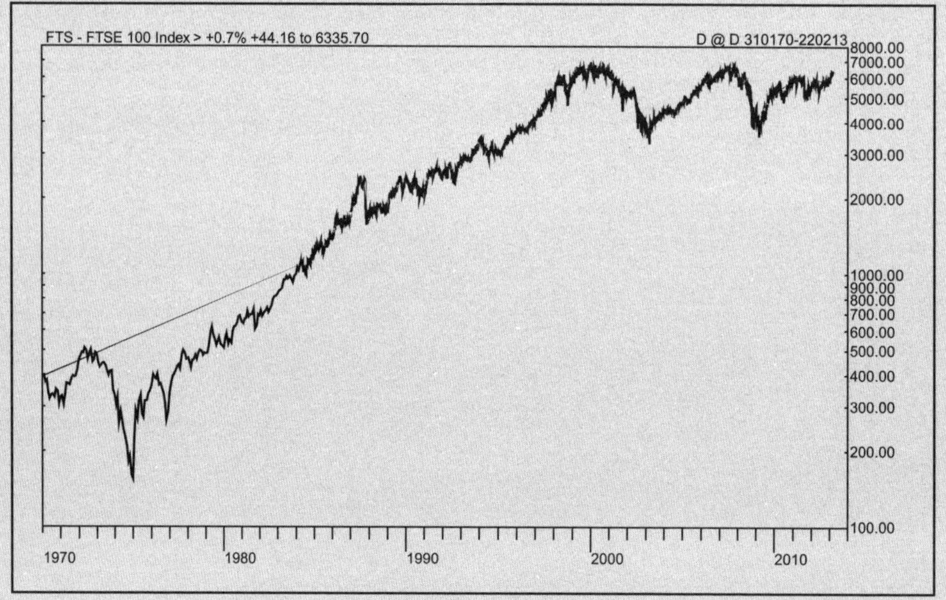

图 22-4　英国：富时指数

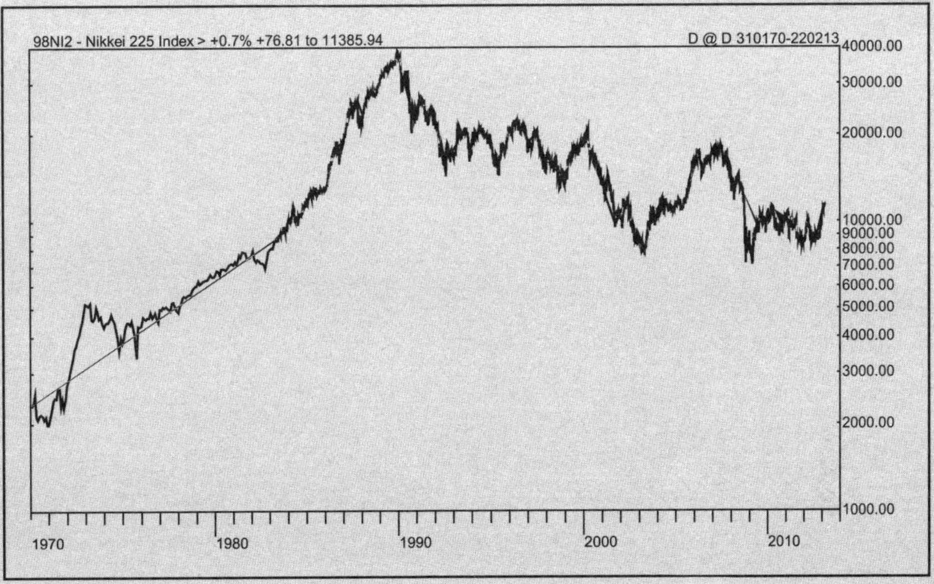

图 22-5 日本：日经指数

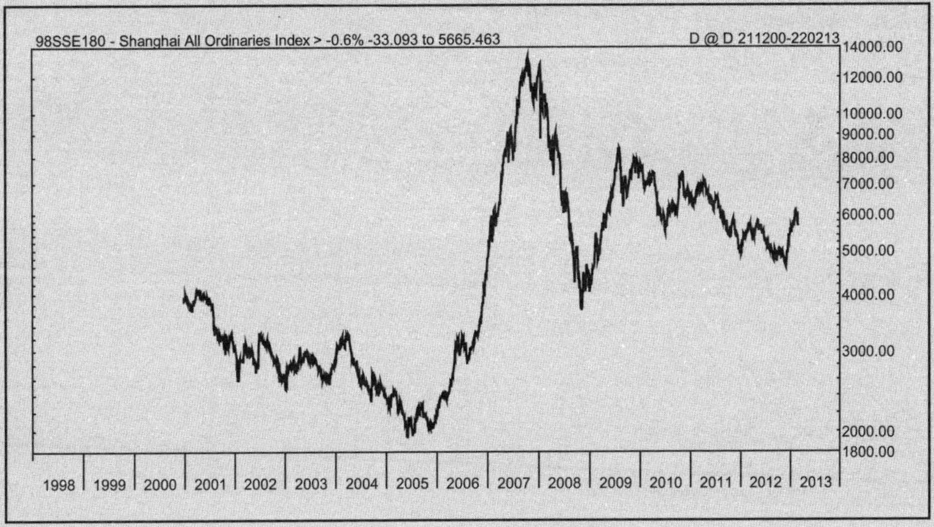

图 22-6 中国：上证综指

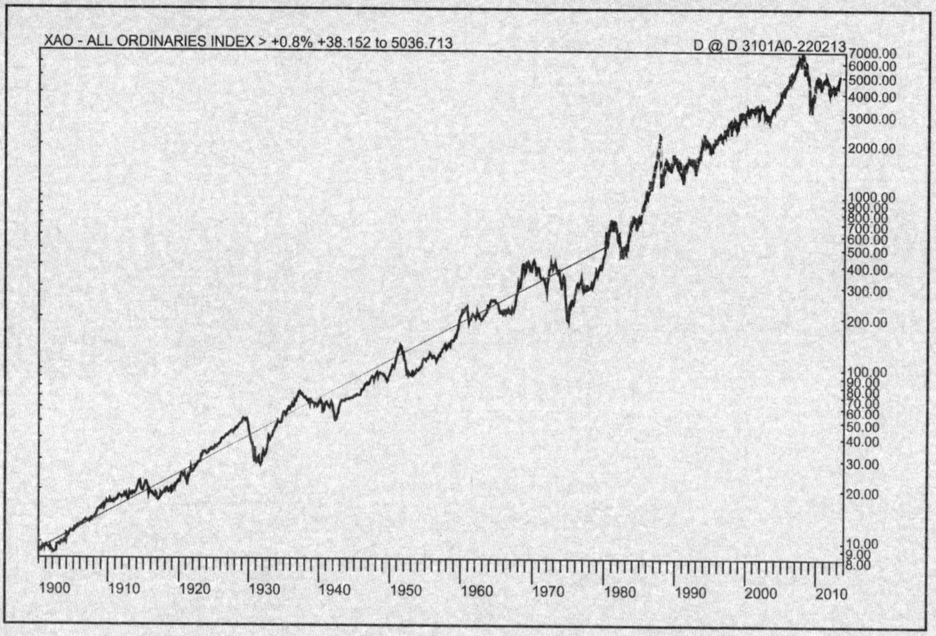

图 22-7　澳大利亚：澳大利亚证券交易所所有普通股指数

第二部分

Think Like the Great Investors

投资决策中的群体心理学

雪崩时，没有一片雪花觉得自己有责任。

伏尔泰（Voltaire）

人们在群体中的行为方式与单独一个人时会有所不同。我们必须了解群体行为，以避免成为群体行为的受害者之一。对我们来说，抵制群体力量的最有力方法就是培养逆向思维。这包括学习成为一位怀疑论者，并在接受表面价值之前质疑每一种观点，尤其是当每个人似乎都相信这是真的，并且认为没有其他可能性的时候。

23

暴动规则：群体行为如何影响投资决策

所有伟大的投资者都对市场有一个重要的见解，即它代表了人的行为。一旦注意到这一点，我们就更容易理解股票（或者其他金融工具）的价格不总是与我们对可得信息进行有逻辑的审视后所得出的期望相符的原因。相反，股票的信息会被投资者的希望、恐惧、贪婪和自我意识过滤。

然而，投资者不是在真空中行动。他们以群体形式存在，并且在与其他投资者或者与专家、顾问、基金经理以及其他人进行交流时受到了很多影响。因此，除了通过研究独立个体来了解投资者如何做出决策以外，我们还需要了解群体动态是如何影响他们做出决策的。

长期以来，历史学家和哲学家一直都对群体动态十分感兴趣，他们已经对人们在各种情况下在群体中的行为方式进行了研究，其中包括金融市场。在过去的 100 年中，成功的投资者普遍都阅读了这个领域中的两部经典作品：查尔斯·麦基（Charles Mackay）的《大癫狂》（*Extraordinary Popular Delusions and The Madness of Crowds*）和古斯塔夫·勒庞（Gustave Le Bon）的《乌合之众》（*The Crowd*）。

罗伯特·希勒（Robert Shiller）在其《非理性繁荣》（*Irrational Exubera-*

nce）一书中对当代关于群体行为创造了市场泡沫的一些观点进行了总结。他收集了多种形式且有时很复杂的材料，并将它们以易于理解的形式呈现出来。他的讨论是在美国最后一个，也是主要的一个股市泡沫——20 世纪 90 年代的科技和互联网繁荣的背景下进行的。

我们所说的“泡沫”有时被学者称为金融狂热。有记载的最古老的金融狂热发生在 16 世纪 30 年代的荷兰，表现为野生郁金香球茎的交易。很多狂热都以土地繁荣的形式出现，特别是在股市和大宗商品的牛市中。在这种情况下，价格都上涨至远高于其实际价值的水平。这吸引了成千上万的人，他们都被轻易且迅速致富的机会所诱惑。他们会将价格推高至现实或者理性水平之上。然后，价格继续以惊人的速度上涨数月甚至数年，达到绝对惊人的水平。

大卫·德雷曼在其《逆向投资》（*Contrarian Investment Strategies: The Next Generation*）一书中列出了他从对金融狂热研究中提炼出来的四项基本原则。

1. 成千上万的人身上都表现出一种不可抗拒的形象：他们通过投机一夜暴富。他们变成了我们所谓的“群体”。
2. 这种社会现实在群体的心中是由简单的观点形成的。这些观点被认为是事实，即使没有确凿的证据支持它们。而所谓的“专家”对这种疯狂的估价表示赞成，并通过验证更高的价格来鼓励大众。人们变得越来越自信，对过去的所有价值标准都视而不见。他们忽视了世代积累的经验。
3. 有些事情会让人们对主流形象产生怀疑或者改变他们对主流形象的看法。过度自信被焦虑所取代，从而导致恐惧和恐慌。价格迅速下跌。
4. 大多数人没有从这些事件中有所收获。他们接受了这次会有所不同的观点。当然，这并没有什么不同：群体行为的动态是唯一不变的。

大多数有这种想法的人都对当今计算机化市场中的群体概念有理解方面的困难。“群体”一词的一般定义只是一群人。在交易发生在街上、咖啡馆或者交易大厅的那些日子里，确实有一群人聚集在一个地方。如今，我们都身处不同的地点，并且通过互联网联结在一起。我们只想到社交媒体可能会让一些东西“病毒式”传播，以了解仍然有群体的存在，即使他们不在同一个地方。

然而，勒庞和其他人所说的是完全不同的东西。勒庞将群体称为一群人，他们所具备的新特征与构成它的个人有很大的不同。群体中每个人的情感和想法都有一个单一的方向，而且他们的个性意识消失了。他们形成了一种集体思想，这被勒庞称为精神统一。

勒庞清楚地看到，这种意义上的群体不必在同一时间出现在同一个地方。1895年，在他写作的时候，他就认为群体行为可能跨越一个城市或者国家发展。当全世界都可以同时看到2001年9月11日世界贸易中心大楼倒塌的画面、2004年戴安娜王妃去世或者节礼日海啸时，他对今天的媒体会有何看法呢？这些都是极端的例子，但是在这些情况下，画面几乎可以被立即传送，而在金融市场中，关键画面的传送通常会慢一些。

今天，一群人的领袖不需要在讲台上煽动民众。相反，他们使用大众媒体来植入和强化导致群体现象的场景和错觉。

勒庞对一个群体进行描述的一个关键观点是他们的形象思维方式，而不是理性论证。而且，这种思维方式可以在群体的脑海中保留一些相互矛盾的形象，会被一系列简单的形象或者概念所捕获。而这些形象或者概念往往都是错觉，缺乏事实证据。然而，群体往往对争论充耳不闻，并且拒绝接受异议。

勒庞对群体的观点和描述时至今日仍然能够被作为是对群体行为的卓越洞察而让我们接受，即使他的一些观点来自过去。他的绝妙见解之一是他的一个解释，即群体培养起了一种对其想法很确定的感觉，因此，他们会因为数字的力量以及群体匿名性而按照自己的想法采取行动，他们会以群体的方式做事，而这些事可能是他们孤身一人时因为害怕后果而不敢做的事。

现代研究人员把这种观点发展得与利昂·费斯汀格所说的社会现实的概念只是略有不同。大卫·德雷曼在描述我们的信仰、价值观和态度时都是这样解释的。其中一个极端是那些扎根于显而易见的物证的人，而另一个极端则是那些并不坚定地基于无可争辩的证据的人，比如宗教信仰等。对我们来说特别重要的是，这类信念将包括股票的真正价值，这在旁观者的头脑中是非常重要的。

当情况不明并且复杂时，我们就会变得很焦虑。在这些情况下，我们自然倾向于依靠他人的观点和行为。重要的是，我们已经准备好从他人那里得到意见，就像我们在现实中观察到的那样，即使他们的意见与其他人的意见同样是无知的。当勒庞提出了肯定的重要性时，他就有了这个想法：信仰没有证据或者论据。信仰会被不断重复，直到它在群体的脑海中形成一种形象，然后传播开来，就好像它会传染一样。

回顾一下 20 世纪 90 年代科技和互联网热潮是如何被一种假象所驱动的。其实这种假象是基于一种简单的想法，即这种新技术将改变世界，这是一条必经之路，将会为每位参与投资的人创造财富。现在我们可以看到，情况并非如此，因为以前的技术繁荣都与铁路、电力、无线电、电话、汽车、电视、喷气式客机或者电子产品等的发展有关。

要避免陷入这种狂热是很难的。唯一的防御方式就是阅读历史书籍，了解并理解这个过程，我们可能会意识到我们以及我们周围的人正在经历什么。

对于想要更详细地研读勒庞的作品的读者来说，第 24 章是我对勒庞的《乌合之众》一书所做的笔记以及一些评论。

在第 25 章中，我们将研究逆向思维的艺术，可以帮助我们避免成为群体思维的受害者。

投资要义

群体中的人通常表现得很不理智。市场就是群体，这意味着想法很容易被传染。我们需要了解群体，并努力保持我们的独立性。

24

对古斯塔夫·勒庞的《乌合之众》一书的注释和评论

距离我第一次读古斯塔夫·勒庞的经典之作《乌合之众》已经过去 20 多年了。这本书虽然写于 1895 年，但是现在重读，我仍然震惊于这本书能够帮助我们理解市场上发生的事。

勒庞是用法语写作的，翻译成英语无疑会失去一些他原本想表达的意思。而且，一个多世纪以前的语言也很难被现在的人们理解。为了把勒庞关于群体行为的观点与市场联系起来，我从书中摘抄了一些内容，并在后面加上了我的评论。这样，根据字体的不同，你就可以知道哪些是勒庞的观点，哪些是我的观点。

> 序言
>
> 种族特征通常决定一个人的行为。然而，当人们为了行动目的而聚集成群体时，仅仅是他们被聚集在一起的事实就会让他们产生新的心理特征，从而明显改变他们的种族特征。

今天，勒庞可能不会使用“种族”一词。我理解勒庞想表达的意思是，他在没有更好的词的情况下才使用了它。今天，我认为我们可以将他的意思描述为广义上的继承和习得的态度、信仰和观点的培养，而这些态度、信仰和观点是我们每个人出生和成长的时间、地点的结果。

这条笔记抓住了勒庞在这本书中的一个基本论点：一个人在群体影响下的行为方式不同于他作为一个独立个体时的行为方式。这本书深入探讨了为什么会这样的原因，以及构成勒庞所说的“心理群体”的心理特征的本质。

无意识在我们的行为中发挥着重要作用，而理性的作用却很小。

这句话总结了勒庞所说的一个要点：群体不具备逻辑思维。相反，他们会受个人可能没有意识到的情感所驱使，而这些情感是无意识的。

引言：群体时代

世界和文明是建立在教条主义基础之上的。这就假设了一种专制的力量，因为它们是无法被讨论的。

这是勒庞的一个有趣的见解。形成社会基础和我们的生活方式的某些思想是无须讨论的。今天，它们通常被称为范式。范式可以被视为我们假设是正确的想法。我们不会质疑或者测试它们，因为它们本质上是无意识的假设或者信念。它们是我们作为个体、科学家或者从事社会工作的一部分。这就是勒庞所说的无法承认问题或者讨论观点的专制力量。如今，我们在社会上也看到了这一点，比如某些观点是不允许被讨论或者质疑的。任何试图丰富事实或者提出问题的人都会被污蔑为叛徒、种族主义者和性别歧视者等。

人类从不以单纯的理由来塑造他们的行为。

这与投资和贸易有着密切的关系。情绪、感觉、无意识的影响和自我意识等都会影响我们的行动。虽然投资方法或者交易方法应当以理性和逻辑为基础，但是也需要考虑情绪压力，而这可能会使我们很难遵循自己的计划行事。认识到这一点对于初学者来说是非常重要的一步。大多数初学者认为这一切都是有逻辑和理由的，就像我刚开始的时候那样。只有当我们了解到我们的情绪以及群体心理学对我们的影响更为普遍时，我们才会开始逐步走向成功。

24

对古斯塔夫·勒庞的《乌合之众》一书的注释和评论

卷 1：群体心理

第 1 章：群体的一般特征

“群体”一词的一般含义是个体的集合，然而，勒庞关心的是心理群体。在某些情况下，集合会产生与构成它的个体非常不同的新特征。集合中的每个人的情感和想法都有一个单一的方向，而他们的自我意识消失了，形成了一种集体思想。勒庞将这种集合称为心理群体。

> 自我意识的消失以及思想和感情都倒向同一方向等，并不总是需要很多人同时出现在同一个地点。成千上万的独立个体都可能具备心理群体的特征。
>
> 因此，六个人就可以构成一个心理群体，但是数百人聚在一起却可能不是一个心理群体。

这些观点对将群体心理学应用于股票市场的观点至关重要。大多数人都可以接受这样一种观点，那就是在旧交易所的交易大厅中会出现一群人。然而对于很多人来说，他们难以接受群体对我们当前计算机化市场的影响的相关性。

虽然勒庞提到了报纸在他那个时代的影响，但是他无法想象现代无线和电子通信技术的影响，这些技术使整个社区在很多问题上形成了一个大群体。只要想想媒体如何引起群体对戴安娜王妃的去世、“9·11”事件或者 2004 年节礼日海啸的反应就能够明白了。显然，某些话题会引起如勒庞所说的群体的歇斯底里，而无须让一群人聚集在同一个地方。

更有可能出现的情况是，股票市场上涨时，你周围的人或者出现在媒体上的人似乎都能够毫不费力地立即赚到大笔钱。广告强化了这种印象，而群体变成了被这种瞬间致富幻觉所诱惑的猎物。

从此，人们将经常与有着类似兴趣的人交谈，无论是当面，还是在网络聊天室中。比如，他们倾向于向那些强化了群体特征的顾问和专家征求意见。

> 无论构成群体的人是谁，无论他们的性格、智力和职业等有多么

相同或者不同，既然他们已经成为一个群体，那么他们就会受到群体心理的支配，这就使他们的感觉、思维和行为方式明显不同于每个人独处的时候。重要的是，某些想法和感觉只有在加入群体时才会转化为行动。

虽然勒庞在某种程度上是他那个时代的囚徒，他对妇女、其他种族和大众有一些沙文主义态度，但是他一直都特别强调的一点是，即使是高智商和有教养的人也容易受到群体的影响。而且，在群体中，他们的行为很难与那些受教育程度较低的人区分开。之后我们会看到，群体往往呈现出的是其中教育程度最低的人的特征。

有很多证据证明了这一点。我所见到的接受了一般教育的人都参与了导致1987年大崩溃的繁荣以及20世纪90年代的互联网泡沫。我们当中那些受教育程度更高、经验更丰富的人更应当在这一领域小心谨慎。我遇到过很多自认为可以超越这一点的人，然而他们却无法像我看他们那样看清自己，他们像飞蛾扑火一般投入股市泡沫中。

无意识的心理活动影响着一切，包括智力的操作，它比有意识的心理活动更强大。因此，在我们的行为或者理性思考的背后是无意识的动机。这背后甚至是更不自觉的动机，所以我们大部分的日常行为都将受到隐秘动机的驱动。

因此，虽然两个人可能在教育和智力方面存在很大差异，但是由无意识动机产生的性格差异却是微乎其微的。正是这些由无意识管理，却是大多数正常个体具备的一般性格特征形成了群体中的共同特征。

正是因为群体具有这些共同的一般特性，他们才永远无法完成那些对智力要求很高的行为。无论一些成员有多么聪明或者知识有多么渊博，群体也只能表现出一般水平。

在这里，勒庞发展了一个观点，一些参与者的智力水平与群体的态度和行动没有关系。因为聪明的人和智力较低的人都是被同样的基本动机和无意识的欲望所驱使的，在群体中，他们并没有什么不同。因此，如果一个聪明的人试图让群体接受某种观点或者基于逻辑、理性和智力行动，他们终将失败，因为群体不是由这些东西驱使的，而是由潜在的无意识动机驱使的。当勒庞提到群体形象思维的方式时，我们将明白这个过程是如何运作的。

> 群体特征的原因：
>
> 群体赋予个体数字化的力量，这是一种不可战胜的力量，使他们能够屈服于本能，而如果他们单独行动，就不会有这种感觉。其中一个因素是群体具备的匿名性，所以没有人会像单独行动时那样负责。
>
> 传染性——个体会强烈地认为需要牺牲个人利益来换取集体利益。这种情况很少发生在个体单独行动时。
>
> 氛围，类似于暗示感受性，具有磁性或者催眠性。

这些都是非常敏锐的想法。按照勒庞描述的方式，有些人可能会质疑股票市场中的传染性。然而，我已经看到了在瞬间财富幻觉中对传染力的足够尊重。似乎没有什么东西能够像这样驱使人们完全不努力就变得富有。如果在群体中拥有志同道合的伙伴，那么当他人没有让他们获胜时，大多数人即使采用了投机这种邪恶的手段，也会设法让自己这种自私地追求财富的行为合法化。然而，如果他们是独立的个体，他们就会犹豫不决。如今，媒体在培养和合法化这些急切需求的方面扮演着非常重要的角色。

> 结论是，群体的智力水平总是低于独立的个体。

这与第 25 章中对逆向思维的讨论有特别的关系。

> 第 2 章：群体的情感和道德观
>
> （1）群体的冲动、多变和急躁
>
> 群体受所有外在刺激因素的支配，他们是冲动的奴隶。而相比之下，在同样的情况下，独立的个人有能力控制住自己对刺激的反应。

这是勒庞描述人们在群体中的行为方式的一个关键因素。独自一人时，个体能够冷静地思考，但是在一个群体中，他们对所看到的图像和事件会产生一种集体反应。而且，我们也没有时间去考虑那些在群体做出反应之前所给出的任何建议。

> 对群体产生影响的刺激因素是不断变化的，而且群体无法抵抗它们。这就解释了群体会如此迅速地从血腥残忍的状态转变为慷慨和英勇无畏的状态的原因。

这是群体心理学应用于股票市场的核心。假设一只股票正在不断上涨，而此时突然出现了一个坏消息，它的价格会直线下跌，即使没有发生什么真正的变化。这就是当英雄跌倒时，群体会从英雄崇拜者一跃成为英雄批判者的原因。驱动群体的是想象和感知，而不是事实。理性无法改变他们的反应方式。

> 由于群体人多势众，认为自己拥有一种来自数字的不可抗拒的力量，从某种程度上说，他们是易怒的，拒绝接受对其当下欲望的干涉。

这与热衷于暴力的群体有很大的关系，但是它在市场中也同样重要。我记得在互联网繁荣时期，我曾试图向人们解释互联网只是一种最新的技术，虽然它会像其他技术一样改变世界，但是它并不特别。不用说，我被视而不见或者被嘲笑为生活在过去。当包括媒体在内的其他所有人告诉人们，互联网每天都在改变我们的世界，而且投资互联网股票可以赚到大钱时，我怎么可能是对的呢?

这种人多势众的想法很重要。这与勒庞在其他地方提到的群体匿名性有关。每个人都不能犯错，即使错了，我们也会一起错，这样，作为个体，我就不会被视为傻瓜。这些都是非常强大的想法。

> （2）群体的暗示感应性和多疑性
>
> 群体的定义性特征之一是其过度的暗示感应性（suggestibility），而且这些暗示是可以在群体中传播的。这就解释了群体情绪会迅速发生变化的原因。
>
> 群体总是非常多疑的，因为他们永远徘徊在无意识的边缘，时刻

> 准备接受所有的建议，他们对那些无法诉诸理性的人有特殊的感情，并因此丧失了所有批判能力。
>
> 在群体的想象中，事件发生巨大变化的过程意味着最简单的事件也会很快发生反转。群体靠情景来思考，每个情景又会唤醒一系列与第一个情景没有任何联系的其他情景。尽管很多情景与观察到的事实并无太大关系，群体还是会对他们头脑中浮现的情景信以为真。

勒庞观察到，即使是一群聪明博学的人，也会在他们专业以外的事情上表现出群体特征。观察力和每个个体所具备的批判精神很快就消失不见了。

我相信我们都看到了这一点。在我们的知识范围内，我们可以基于知识、研究和经验等表现出理性和富有逻辑。我们对不同的事件或者事实进行了细微的区分。然而，一旦关注对象超出了我们的知识范围，我们就会变得与其他人一样。我们认为简单（尤其是复杂问题的简单答案）中存在着复杂性，我们说的话也会非常无知。我们这样做是因为我们自己缺乏知识，我们依赖他人的观点，就好像那些观点就是事实，这是我们对自己无意识的动机和感觉所做出的反应。

> （3）群体情绪的夸张和单纯
>
> 群体的感受都很单纯且非常夸张。群体中的个体就像原始人类一样，他们无法区分出细微差别，只能将事物当作整体看待，而无法看到事物的中间状态。暗示和感染性确保感受会被迅速且有力地传达。
>
> 所以群体既不怀疑也不犹豫。它容易走向极端。疑问会被立刻转化为无可辩驳的证据。

这正是互联网泡沫时期很多人所经历的情况。他们如此确信互联网将统治世界，为真正的信徒带来巨额财富，而这些信徒从未停止过质疑、审视、测试或者评估正在发生的事。“互联网”一词成了一个新的、快速变化的世界的编码形象。你不得不与它为伍，否则就会被遗弃。

> 群体的暴力情绪会由于缺乏所有责任感（即不受惩罚的确定性）

而增强。群体成员越多，这种情绪越强烈。

在股票市场中，这与很多人有关，这些人被自己不会承担风险的信念所影响。他们借钱投机，他们从不停下来想想他们可能会失败。不是所有人都这样做吗？他们把互联网视为一个魔法布丁。我和那些试图说服我的人聊过多次，他们都认为在互联网上进行投机就像是一件确定的事。

在群体中，愚蠢、无知和嫉妒心强的人摆脱了卑微和弱势，一时会被一种残酷而强大的力量所左右。

这一点特别适用于暴力群体。但是，我却在互联网泡沫中看到了另一种方式。那些没有接受过投资者教育的人突然冒着巨大的风险涌入市场，他们认为这是一场不需要特殊技能或者经验的游戏，尤其是当他们从一个贩卖骗人的万灵油的销售人员那里买了一套电脑程序的时候。他们缺少学习，这总是让他们失去财富。而现在，机会来了，他们那些投资互联网股票的朋友不是在一周内实现了资金的翻倍吗？广告不是告诉你，只要你有正确的软件，你也可以做到吗？

归根结底，他们相信了他们想要听到的一切。然而，群体是至关重要的。作为一个个体，如果他们失败了，他们可能看起来很愚蠢。但是如果他认识的所有人都在其中的话……

群体只会被夸大的情绪影响。一位想要打动听众的演说家必须运用夸张、肯定、重复等演讲技巧，而且从不用试图通过推理来证明任何事情。

（4）群体的狭隘、专横和保守

群体只有简单和极端的情绪，他们只会全盘接受或者拒绝向他们提供的意见、观点和信念，他们认为这些意见、观点和信念是绝对真理或者绝对错误的。

群体并不知道什么是正确的，而他们对自己的力量一清二楚，因此他们会专横，并且从不接受反面意见或者讨论。

24

对古斯塔夫·勒庞的《乌合之众》一书的注释和评论

第 3 章：群体的思想、推理和想象力

群体的思想

每个文明都是少数基本思想的产物，而这些思想几乎很少被更新。一旦植入群体的脑海里，这些思想是非常强大的，而且很难被改变。

无论为群体提供何种建议，只要建议采取非常绝对的、不妥协和简单的形式，那么它们就是有效的。它们会以图像的形式呈现，并且只能以这种形式接触群体。

这些图像式的想法没有任何逻辑连贯性。这解释了群体会同时拥有相矛盾的想法的原因。完全缺乏批判精神不允许他们感知这些矛盾的存在。

这种现象不是群体特有的，你也可以在独立却热情的个体身上看到。

想法只有采取了非常简单的形式才能够被群体接受。因此，大多数想法在它们被普遍接受之前不得不被简化。它们也需要进入无意识，并成为一种情绪，而这个过程需要时间。

20 世纪 80 年代和 90 年代，我阅读了大量关于互联网的文章，得到了很多观点，比如认为它是为核战争设计的，以及科学界如何使用它来进行研究等。多年来，互联网一直在发展。后来，它被互联网浏览器软件转换成简单的东西就火了。我想，让我能够保持清晰观点的一件事就是我阅读了所有的文章，成了公告牌阶段以及澳大利亚电信公司早期网络的一部分。大多数人都不相信，在20世纪80年代，我每天去办公室之前都会通过电话下单，也就是说，我在互联网出现之前的十年就开始进行“互联网交易”了。

某一个想法的公正性是不起作用的，即使在有教养的群体中也是如此。尽管他们接受了新想法的优点，但是他们很快就无意识地恢复了最初的想法。群体以相同的方式运作——无意识的情感。

在群体中形成想法需要时间，而杜绝某些想法也需要很长时间，

> 所以群体总是远远落后于有学问的人和哲学家。
>
> 群体的推理能力
>
> 群体推理的特点是：
>
> ◎ 仅仅通过外在联系就把不相似的事物联系在一起；
>
> ◎ 特定案例的立即泛化。
>
> 逻辑论证链是群体难以理解的。

我们有时会觉得某篇演讲听起来很无力，它不是为了吸引一个有逻辑的人，而是为了感召大众，它会通过一些有诱导性的形象来唤醒群体。

下次当你听到一位政客在电视上演讲时，请你仔细听一下关键词，这些关键词可能是那些含糊不清的想法的缩写，而很多人未经过考证就相信了它们，比如“母性”这个词。然后，再去阅读投资专家的关键词，包括我自己，看看我们是如何做同样的事情的。所以，不知情的人很容易被肆无忌惮的人欺骗，被误导的人很容易成为受害者。澳大利亚证券和投资委员会（Australian Securities and Investment Commission，ASIC）在其虚假的愚人节广告中表现出了这种行为。

现代电视广告只是这种现象的一个极端。

> 群体的想象力
>
> 群体心中唤起的图像几乎与现实一样逼真。由于群体无法进行反思和推理，而且没有不可能性的概念，所以不可能的事情往往是最引人注目的。因此，传说中以及奇迹般的事件是最有可能打动群体的。

那么，互联网会是一个传奇吗？《魔戒》（*The Lord of the Rings*）和《哈利·波特》（*Harry Potter*）等系列书籍以及流行文化中所有对其中人物角色的模仿都是巧合吗？在对杰克·施瓦格（Jack Schwager）就其最畅销的书进行的采访中，他甚至被称为伟大的交易奇才。

> 通常，虚幻对群体的影响几乎与真实的一样多。当然，群体很难区分两者。

第 4 章：群体信仰所采取的宗教形式

我们已经看到：

◎ 群体的不理性；

◎ 他们作为整体接受或者拒绝观点；

◎ 他们既不容忍讨论，也不容忍反驳；

◎ 暗示倾向于支配他们，并转化为行动；

◎ 只要受到适当的影响，他们就会为某个理想选择牺牲；

◎ 他们只有暴力和极端的情绪（改变了温和的想法）。

因此，他们选择了勒庞所谓的“宗教感情”（religious sentiment）。

宗教感情有其特点：

◎ 崇拜想象中的高高在上者；

◎ 畏惧生命赖以存在的某种力量；

◎ 盲目服从于它的命令；

◎ 没有能力对其信条展开讨论；

◎ 渴望传播这种信条；

◎ 倾向于把所有不接受教条的人都视为敌人。

因此，狭隘和狂热是宗教情感的必要伴侣。

卷 2：群体的意见和信念

第 2 章：群体主张的直接因素

（1）图像、文字和公式

群体尤其会受到图像的影响。文字的力量在于它们如何唤起图像，并且独立于它们的真实意义。

在某次选举后不久，我与两位政治官员进行了一次有趣的对话，我建议他们的政治领导人要经常说出关键词，这是被勒庞称为“图像”的现代语言。他们对这个想法感到震惊，并且说这是我的想象。然而，这正是这些关键词所做的事情：打开我们的感觉和情绪，来代替我们的理性。某些名称、文字、标题和术语都有其含义，即使这个含义是含糊不清的。模糊性给予了它们力量，正如我们在勒庞的下个观点中所看到的那样：

> 最难以定义的词语往往能唤起最具影响力的形象，比如民主、平等和自由等。它们拥有神奇的力量，仿佛它们能解决所有的问题。它们综合了最多样化和无意识的愿望。

正如大卫·德雷曼在其书中清晰阐述的那样，最困难的事情就是准确定义一只股票的价值。所以，大师和专家会广泛使用这一招。他们让我们相信，任何价格在牛市都是合理的。

> 推理和语言无法对抗某些词语和公式。正是由于它们的模糊性，才使它们不受理性的影响。

试着与那些爱上了没有生意、没有利润、没有分红的互联网股票的人聊一聊。无论我们拿出了什么证据，这些人都会用那些无法被证实的图像和想法进行反驳。不知为何，对他们而言，这些图像和想法能够解释一切。

> 推理和语言的主要功能是减轻使用者的思考义务，而事实上，所有这些都是生活所必需的，我们不得不反思所有事情。
>
> （2）幻想
>
> 幻想是堆积成废墟的过去。
>
> 群体从来没有渴求过真理。他们把不合口味的证据抛在一边，更倾向于把那些诱惑他们的错误奉如神明。谁能为他们提供幻想，谁就容易成为他们的主人。任何企图摧毁他们的幻想的人都是他们的牺牲品。

我们试图警告那些行走于互联网悬崖边缘的人们，可是我们却被真正的信徒抛弃和遗忘了。

> （3）实践
>
> 实践几乎是让真理在群体心中根深蒂固的唯一有效的过程。要做到这一点，实践必须大规模开展，并且要经常重复，通常是跨代际的。

推理

人们不受推理的影响，而且只能理解简单的观点和现成的联系。所以，有效的演说家吸引听众的是他的情感，而不是推理。逻辑规律对群体不起作用。

第3章：群体领袖及其说服方式

（1）群体领袖

一旦人们聚集在一起，他们就会本能地把自己置于领袖的权威之下。领袖可能只不过是一位带头人或者鼓动者，却扮演着重要角色。他将成为群体观点的焦点。

在股票市场中，这个角色通常由所谓的“大师”和“专家”来扮演。群体会坚持认为这些“大师”和“专家”所说的每一句话都是正确的。你能想到其中的一些吗？有些人会频繁地做广告，向你推销他们的股票通信或者交易系统。有些人只是在其个人发展过程中树立了一个好名声，有些人的名字会作为牛市的大祭司（或者牧师）出现。

作为杂志的专栏作家，就我个人而言，这让我很担心。有人总是把我写的内容解读成他们想要的内容，而这些内容却经常与我的相矛盾。尽管如此，我认为最好还是要为那些仍在倾听的人指出理性和理智的方式。很多人确实听取了我的建议。我收到了很多读者发给我的电子邮件，感谢我为他们提出的建议和警告，帮助他们回避了一些风险。

领袖往往由此开始，即通过催眠让他的信徒相信他的想法。

与其说他们是思想家，不如说他们是行动家。无论他们坚持的想法或者追求的目标是多么地荒谬，他们的信念是如此强烈，以至于所有的推理对他们都失去了作用。

这种强烈的信仰为他们的话语注入了巨大的暗示力量。群体总是愿意喜欢意志坚强的人，因为意志坚强的人知道如何强迫自己。聚集在群体中的人失去了意志力，并且本能地转向那个拥有他们所缺乏的品质的人。

（2）领袖的行动方式：断言、重复和传染

当领袖想把想法和信念灌输给某个群体时，他就会使用断言、重复和传染的方式。虽然这个过程缓慢，但影响一旦产生，就会是持久的。

断言是不受任何推理和证明影响的、使一种想法进入群体头脑的最可靠方法之一。越是简单明了的断言，就越是缺乏证明或者证据，这时它才更具威力。

然而，断言很难产生深远的影响，除非它得到持续的重复，并且尽可能地使用了相同的措辞。随着重复，这种想法在群体的头脑中生根，群体会将其作为一个已经得到证实的真理来接受。

最后，断言得到了有效的重复，传染就可以发挥其作用了。某些事件能让群体中的所有人产生同样的心理特征，并表现出该群体的特征。

模仿实际上只是传染的结果。这是时尚的力量会如此强大的原因。要对抗时尚需要很大的勇气。

传染不仅能够迫使个体接受某些观点，而且还能迫使个人接受一些感觉。

（3）威望

威望是某个人、某本著作或者某种观念对我们的支配，我们的判断力会完全被这种支配麻痹。它往往是重复确认的结果。

群体与个体一样，对所有事物都需要简单明了的现成意见，尽管这些意见的普遍性与其正误毫不相关，并且只是威望的产物。

威望是说服的一个基本要素。在暗示和传染的作用下，群体会潜移默化地接受那些拥有威望的人、观念或者事物，并加以模仿，而且整整一代人接受某种情感的方式以及表达方式都是相同的。

威望往往来自成功，因为只有成功才能被认可，才不会被质疑。失败可能导致威望迅速消失。然而，威望会在讨论中受到磨蚀，只是时间会更长。从受到质疑的那一刻起，威望便不再是威望，这就是那些长期保持威望的神和人从不容忍讨论的原因。

这与泡沫市场的终结有很大的关系，是的，突然之间的终结。偶像从荣耀中跌落，却足以看出他们是容易犯错的。一旦强大的、无往不利的微软公司会在法庭上保持谦卑的话，人们就会怀疑这与互联网泡沫有关。

在规模较小的情况下，股票会接连发生同样的事。估值如此之高，以至于最轻微的涨幅都会让所有人陷入怀疑，并感觉到风险。这就类似于在剧院中大喊“着火啦”！

第 4 章：群体的信念和意见的变化范围

群体的信念和意见有两种类型：

◎ 强大且坚持了几个世纪的信念；

◎ 短暂而容易发生变化的时尚。

一种伟大信念开始衰亡的确切时刻就是在其开始被质疑的时候。除了在小说中，它只能在不被质疑的情况下存在。这就是各民族在捍卫自己的信仰时总是表现出不宽容的原因。

这些伟大的信念规范着我们所有的行为，最独立的精神也无法摆脱它们的影响。

从哲学上说，这些信念往往十分荒谬，但这从来不是它们获胜的障碍。

政客们不会引领各种意见，而是遵循，因为他们害怕其他意见，这就让他们采取了充满不确定性的行动路线。

卷 3：不同群体的分类及其特征

第 5 章：议会

议会制度是一种观念的表达，即在某些问题上，一大群人要比一小群人更有可能做出明智且独立的决策。虽然在心理学上这是错误的，却得到了人们的普遍认同。

在议会中也可以看到群体的一般特征：

◎ 头脑简单；

> ◎ 多变；
>
> ◎ 容易受到暗示；
>
> ◎ 夸大情绪；
>
> ◎ 少数领袖的主导作用。
>
> 意见简单化是最重要的。一种不变的倾向是，用适用于所有情况的最简单的抽象原则和普遍规律来解决最复杂的社会问题。
>
> 以惊人之语使群体接受笼统的断言不是什么难事，即使这些断言从未得到过验证，而且可能也得不到验证。

这些想法与金融市场直接相关。大多数人都不假思索地相信了繁荣，并没有意识到繁荣总是以泪水结束。这就很好地引出了第 25 章的内容，我们会提出一种方法来保持现实的观点，尤其是当我们周围的人都似乎失去了他们的理性之时。

25

逆向思维的意义：摆脱群体性思维

我们天生就是群居动物。在某种程度上，我们都渴望陪伴，比如当我们因为要做出艰难决定而焦虑或者害怕时，这种感觉更强烈。这包括大多数的投资和交易决策，因为它们涉及不确定性。

威尔弗雷德·特洛特（Wilfred Trotter）在其《和平与战争中的羊群本能》（*Instincts of the Herd in Peace and War*）一书中认为，人类天生具有群居性。他提出了我们群居本能的五个明显特征。

- 人们害怕身体或者精神上的孤独，并且无法忍受只有自己的伴侣或者唯一一个与多数人持相反观点的人的陪伴。
- 人们对其周围群体的形象和价值观比其他任何影响都敏感。
- 在群体中，人们被幸福和恐慌冲昏了头脑，而他们独自面对相同情况时的表现会有所不同。
- 人们很容易被领导。当我们不确定时，我们都会寻求那些自称能够解决这个问题的人的领导，而且表达方式越简单，我们越容易接受。
- 人们通过与他们建立联系的类似群体来定义自己。这导致我们会受到其他人的想法的影响，并强化了接受群体思维模式的必要性，以免我们失去自我认同感。

对群体影响的第一种防御方法是要了解群体的动态以及它们是如何影响我们有效处理狂热和恐慌的能力的，而狂热和恐慌在股票市场中是很常见的。然而，一种完整的防御方法包括在某种程度上能够摆脱群体性思维。这就是所谓的"逆向思维"的目的。

那些厌恶通过人际关系来解决问题的人们会发现这很难接受。然而，这是一种公认的哲学方法，已经被历史上很多伟大的思想家所推荐和使用。这些思想家能够超越那些错误的普遍观点，及时形成新观点，而这些新观点最终成了新的正统观念。

何必呢？成为群体中的一员是很舒适的。即使群体最终是错误的，也没有人会责怪我们，因为每个人都被骗了。有人陪伴的错误比被孤立的正确更舒适。在投资和交易方面，这有两种表现。

第一，长期经验表明，当每个人都持有相同的观点时，每个人都可能是错的。这是基于"极端往往基于错误"的这种观点，而这种观点一次又一次被历史证实是正确的。但是，我们对此必须非常小心。这种极端的一致意见只在历史或者股市出现转折点时才会出现。在大多数情况下，随着趋势的展开和构建，普遍观点往往是正确的。只有当某种趋势接近高潮时，普遍观点才变得几乎没有任何异议者，少数持有不同意见的人会被嘲笑成怪人。这正是群体可能出错的时候，即可能发生错误的最危险时刻，市场被推到了估值过高或者过低的极端，而这正是做与其他人相反之事的重要时刻。

第二个方面围绕着所有投资者都应当试图跑赢市场或者获得更高回报的观点。如果每个人都做了同样的事情，那么从逻辑上说，他们会获得相同的结果。但是，如果我们想要获得卓越的回报，不言而喻，我们就必须采取不同于群体投资的方式。在任何时候，这都是正确的，尤其在市场高点或者当群体已经犯下严重错误的时候，这特别重要。

所有这些都不可避免地催生了逆向思维的方法，它适用于我们在生活中遇到的所有问题。当面对任何普遍观点时，我们都应当强迫自己审视其他可能的意见。观点越是被广泛接受，就越有可能是错误的，我们应当考虑相反的观点。

介绍逆向思维理论和方法的最出名的一本书是汉弗莱·尼尔（Humphrey B.Neill）的《逆向思考的艺术：与众不同的投资获利之道》（*The Art of Contrary Thinking*）。多年来，无数投资者阅读了这本书，并且掌握了必要的技能。这并不容易，需要多年的实践。然而，好处是不可否认的。

被称为证券分析之父的本杰明·格雷厄姆就是一位伟大的逆向思维者。他的学生（其中最著名的就是巴菲特）以及被巴菲特称为“格雷厄姆和多德维尔的超级投资者”的组织使用逆向思维方法已经获得了优秀的投资业绩。大卫·德雷曼也在其《逆向投资》一书中介绍了这种方法，他在书中展示了逆向投资的力量。

在生活中，我们会看到、听说，也许还会遇到我们这个时代一些伟大的人物，他们与我们有着相反的想法。他们是总要求证据的人。他们从来不接受任何有表面价值的东西。他们会问令人不安的问题。他们往往是独行侠，或者少数群体意见团体的领袖。他们的想法经常被拒绝，因为这些想法不符合公认的真理，而这些想法却往往成了下一代的正统观念。他们总是走在其所处时代之前。他们会在商业和投资领域取得非凡的成就，因为他们不仅看到了事物的发展方向，还且还会根据未来趋势而不是现在或者过去的情况制定策略。

非常有趣的是，汉弗莱·尼尔发现逆向思维是因为他早期在股市中得到了一些教训，他曾经在企图跑赢股市时遭受了损失和挫折。他尝试了无数的方法和系统，主要是那些试图预测股票价格的方法和系统。最终，他得出结论：不是交易员和投资者使用的系统无效，而是交易员和投资者自己犯了错误。

尼尔很快就发现，在趋势中，群体总是正确的。但在出现转折点时，群体却总是错误的，而这时正是最需要正确决策的时候。他这样总结了自己的经验。

- 个人意见没什么价值，因为它们经常是错误的，尤其在出现转折点时。
- 人类恐惧、希望、贪婪、自我和一厢情愿的特质如此强烈，以至于很难客观化。
- 如果我们固执己见，我们很可能这样做，无论是对还是错。捍卫自己的观点是一种非常强烈的冲动。

他的结论是，面对我们自己和群体意见的不可靠，为什么不努力尝试去看看反面，并且审视事实和证据，如果有必要的话呢？甚至可以采取相反的行动。

这是很难做到的。当我们第一次需要逆向思维并尝试应用它时，大多数人都会发现那是一种全新的体验。而且，从情感上说，这是一段令人非常不安的体验，因为我们不得不摒弃不思考的旧习惯，并且开始质疑我们和周围人都相信的一切。

我是一位逆向思维者。在我年轻时，我就非常幸运地掌握了这项技能。一方面，我的父亲是一位天生的怀疑论者；另一方面，尤其是当我在悉尼大学上学时，一些杰出的人让我明白了逆向思维的意义。当然，我那时还没有按照这个名字来认识逆向思维过程。后来，我读了汉弗莱・尼尔的书。再后来，我与一位杰出的公司首席执行官共事，他总是扮演魔鬼代言人的角色来面对每份提案，这是一种公认的逆向思维的表现。

最重要的是，我掌握了任何人都可以掌握的逆向思维技能。这不是智力问题，而是最成功的投资者所共有的一种习惯。

投资要义

投资者群体在大多数时候都是正确的，除了在市场出现转折点时。如果几乎每个人都得出了相同的结论，那么该结论通常是错的。要成为一位独立的思考者，找出每一个重要论点的另一面，找到并测试证据。

本书讨论了很多可以被有效应用的策略。除了逆向思维，还包括站在群体影响之外追求一个平衡的观点。

第三部分

把握市场时机，跟上潮流

生活中总有潮流可循，抓住时机，碰碰运气，

或者忽略它，这些都是旅途中的浅滩与苦难。

威廉·莎士比亚

在投资中，时机至关重要。然而，把握市场时机是最难掌握的技巧之一。在很大程度上，这与我们的头脑有关，而不是缺乏知识或者技能。本书的最后一部分讨论了一些可能对投资决策有所帮助的观点，特别是在时机方面。

26

打开投资成功之门的9把钥匙

当我们开始考虑用我们的积蓄进行投资时，我们往往会认为有一种正确的方法。这被广泛描述为寻找圣杯、银子弹或者王国的钥匙。当我们开始仔细研究这个问题时，我们很快就会感到困惑，因为似乎有很多方法都能够在市场上赚到钱。我们越早意识到没有一种方法在某种程度上是“最好的”，我们就能够越早地在学习投资的艺术方面获得真正的进步。

很多投资方法都可以在一定程度上获得成功，这取决于任务的性质。市场永远在变化。在一段时期内发挥良好作用的东西会被在另一段时期发挥更好作用的东西所取代。价值投资可能会在一段时间内给出最好的结果，但在其他时间，动量或者增长型投资会更有效。

还有很多不同类型的投资，它们有不同的风险预测。对一种投资最有效的方法并不总是适用于另一种投资。更重要的是，投资者自身在很多方面都是不同的。在工作中，对一个人有效的方法可能会让另一个具有不同财务目标、知识、技能、经验、风险承受能力的人惨败。重要的是要让投资方法与市场条件、投资类型以及投资者的能力和目标相匹配。只有这些条件都具备了，投资者才可能会获得好结果。

尽管如此，如果从长期研究来说，伟大的投资者了解自己的投资技巧，他们有可能从这些技巧中提炼出某些共同因素，即使他们的具体方法有所不同。这些因素才真正是投资成功的关键。以下列举了 9 个关键因素①。

1. **长期视角**。即使我们打算成为长期投资者，我们也往往会受到短期事件的影响。对于成功的投资者来说，无论他们着眼于多年还是几天或者几周的时间，他们都倾向于进行与大局相符的投资。他们通过每日的新闻和评论来判断那些决定市场整体方向的长期趋势。换句话说，他们对周围的世界有独立的思考。这不是一件容易的事，需要很多的实践。长期视角更有价值，尽管它是最容易被忽视的投资获得成功的关键之一。
2. **灵活性**。心胸狭窄的人从来不会做出改变。伟大的头脑总是会质疑一切。他们知道得越多，他们对一切就越不确定。在市场上这是最重要的，因为情况很少是稳定的。我们生活的经济体系很少长期处于平衡状态，虽然它倾向于回归均值，但是它可以在整体趋势的任意一侧波动。这意味着任何成功的投资方法都应当是足够灵活的，这样才能适应不断变化的市场环境。事实上，我们应当对投资方法进行专门设计，以充分利用这些变化。
3. **计划**。投资成功需要遵守规则。除非投资者知道他们的目标以及为了实现此目标所要遵循的方法，否则他们很可能会随时失败。有一份清晰的，最好是书面形式的投资计划非常重要，原因是投资是一种高度情绪化的游戏。保持自律的唯一方法是在我们开始之前，在我们没有被情绪影响之前，想到我们在任何给定情况下会做些什么。伟大的投资者总是会思考可能发生的情况，而且无论发生什么，他们总是本能地知道该怎么做。这被称为精通投资，而且其中包括了大量来自实践和广泛历史观点的直觉。投资者会知道他们还没有达到这个水平，而且还会发现自己不再因长期投资决策而烦恼。

① 改编自卡特·兰德尔（B. Carter Randall）为阿尔伯特·梅拉宾（Albert Mehrabian）的著作《投资成功的内在途径》（*Your Inner Path to Investment Success*）撰写的前言。

4. **学习**。因为有太多的东西需要知道，而且投资环境在不断变化，伟大的投资者从未停止学习。他们会研究新的市场、新的投资证券和新的投资方法。他们想了解这些，即使他们决定不会在投资时使用它们。伟大的投资者不会经常改变他们的计划，但是他们会不断发现新事物，有时会采纳新的观点或者以某种方式调整他们的计划。最重要的是，他们试图了解周围的一切，这样他们就不会对新的或者不同的东西感到惊讶。
5. **建议**。对于很多初学者来说，这是一个令人惊讶的因素。他们认为伟大的投资者会知道一切。然而，没有人能掌握金融市场、经济体系以及监管或者税收法律等复杂体系的方方面面。成功的投资者会在其所属领域中寻找最好的人，并为他们提供的建议支付适当的报酬。成功的投资者可能并不总是听从其他人的建议，但会把这些建议纳入考虑范围并采纳对他们有用的建议。
6. **谦逊**。对投资者来说，一旦他们开始享受一定的成功，他们就会变得骄傲，有些人甚至会变得非常傲慢。虽然好的投资者对自己的能力以及投资计划的可靠性有很大的信心，但是他们也会客观面对自己的错误。我们都会犯错。所有投资都可能有损失。如果我们想要在未来纠正或者避免损失，就要培养自己分辨决策好坏的能力。成功的投资者也完全会接受自己所做的一些不成功的投资。
7. **自信**。这并不是谦逊的反面。自信的人会对自己的能力保持谦虚，并且对自己正在做的事情有足够的把握，以做出明智且及时的决策。没有投资者天生就是自信的。很多人怀着很大的信心进入市场，但却是无知的，他们很快就会因为自己的愚蠢受到市场的惩罚。自信来自对投资的深刻思考以及我们的个性如何与市场环境相互作用。自信来自提前思考我们想要做什么以及我们将如何去做。我们的想法必须得到彻底检验，直到我们有高度自信时，这些想法才能够发挥它们的作用。简而言之，自信来自丰富的知识和经验，它需要多年时间才能够培养起来。大多数成功的投资者在成功之前都经历了或大或小的多次失败。
8. **智力**。这一点是有争议的，因为这既不意味着只有最聪明的人才能成为好的投资者，也不意味着最聪明的人总是好的投资者，而是意味着投资并不简单，需要一定的智力水平才能理解它。如前所述，投资需要进行大量的研究和思考。

9. **坚持**。虽然我们听说过有些人靠运气迅速赚了很多钱，但事实是，这只是投资领域中一个非常小的样本。他们中的很多人并没有抓住迅速获得的财富，很快就失去了它们。任何一位多年来一直保持成功的投资者都是非常努力的。我曾经听说投资被描述为获得最轻松生活的最艰难方式。投资使人陶醉和痴迷，但它并不容易。努力不总是有回报，但是那些不投入努力的人很少会有回报。

投资要义

没有圣杯式的投资方法。投资获得成功的 9 个关键因素是：长期视角、灵活性、计划、学习、建议、谦逊、自信、智力和坚持。

27

导致投资失败的 11 种性格特质

投资包括做出正确的决策。我们都有自己的性格特质，这些特质通常会在生活的大多数方面服务于我们。然而，在有压力的情况下，投资可能会很有压力，会令我们失望。

戴维·多特利奇（David Dotlich）和彼得·卡伊罗（Peter Cairo）在他们合著的《为什么首席执行官会失败》（*Why CEOs Fail*）一书中描述了 11 种可能会让首席执行官失败的行为。我认为这些行为也适用于投资者。这并不奇怪，尤其当我们认为投资应当被视为一种商业承诺的时候。作为这个行业的主要决策者，我们面临着同样的风险，我们的性格和习惯性行为会无意识地阻碍我们实现自己的目标。

关注投资者失败的原因而不是他们的成功似乎很奇怪。然而，我们每个人都会有一种或者多种这些行为根深蒂固于我们的思维过程中。意识到这些陷阱的存在可以让我们在投资过程中找出它们，这是管理它们的第一步。我们将根据戴维·多特利奇和彼得·卡伊罗对这 11 种行为的命名展开讨论。阅读下文时请记住，我们可能都或多或少地有过这些行为。

1. **傲慢。**投资需要很强的自信。当投资者过分自信时，问题就出现了：他们是如此有自信，以至于除了自己对某种情况的观点外，他们看不到其他观点。最好的投资决策往往是最难做出的，因为我们看到的是整体且经常是令人困惑的情况。当我们认为一个决策是显而易见的时候，其中的风险在于我们不再会平衡地看待其他可能性。我们应当寻求一种能够让我们在困难的情况下果断做出决策的信心。但如果这一切看起来太容易了，我们就可能会过度自信而影响自己。对付傲慢的最佳方法就是停下来，找到有些人对我们的交易持相反态度的原因。

2. **戏剧性。**这种性格特质对投资者来说是具有破坏性的，尤其当他们试图利用市场来展现他们有多么聪明的时候。他们做出了有风险的决策，会向他人做戏剧化的宣传，以提高他们作为一个伟大投资者的声誉。问题在于，因为他们专注于最大化其古怪决策所产生的戏剧化效果，所以他们缺乏对真正重要的东西的观点，而把精力集中在他们试图创造的效果上。最好的解决方法就是控制与他人讨论我们的交易和投资决策的冲动。保持我们开放的立场有很多好处，但是避免戏剧性陷阱仍是最重要的。
3. **易变的。**这包括两个方面。一方面，市场在不断地考验我们，它把我们置于压力之下，让我们在有着不完整信息和巨大不确定性的环境中做出决策。当我们的命运起伏不定时，我们会在兴奋与绝望之间徘徊。另一方面，我们可能会对一起参与整个决策过程的人失去控制，这也会带给我们压力。然后，他们会回避我们，我们则失去了有价值的信息和宝贵的洞察力。最好的解决方法是培养自己对事物进行观察以及在行动之前先思考的习惯。最好避免在情绪失衡时做出决策。
4. **过度谨慎。**这很常见，尤其在初学者中。他们总是觉得自己需要再多读一本书或者多参加一次研讨会。即使这样，他们也过度分析了瘫痪和拖延的程度。他们错失了重要的机会。更糟糕的是，有时他们行动太晚，结果会更糟糕。谨慎且艰难的方法对成功投资很重要。然而，承担风险也是投资的重要组成部分。解决方法是我们要制订一个合理的投资计划。我们应当对这个计划进行彻底测试，直到我们相信它。它可以有效地指导我们做出决策。我们应当问问自己最糟糕的情况是什么。一个好的计划会确保我们做出的任何决策都不会是灾难性的，即使发生了最糟糕的情况。

5. **习惯性不信任。**一些投资者的状态会从合理地质疑信息过渡到几乎偏执地怀疑一切。微不足道的事情在他们的头脑中被放大成了与现实相符的各种情况。他们从来不会主动交易，因为他们只看到了消极的一面。解决方法是养成在纸上写下事情两面性的习惯。如果我们只看到消极的一面，我们就要问问为什么有人会对交易持积极态度，并且在我们感到害怕的情况下依然进行交易。与没有参与决策的人进行讨论并询问他们的想法可能是有用的。
6. **冷漠。**这是一个令人讨厌的问题。如果冷漠能够让我们远离周围摇摆不定的意见并坚持我们的观点，那么它就是好的。然而，如果在压力下，我们选择退出并且完全冻结交易的话，这会是非常危险的。我们也许会尝试通过远离问题来忽略它。当采取适当且及时的决策可以挽救局势时，我们会避免寻求帮助和采取行动。我曾经知道有人说他不再看股票价格的原因是它太令人沮丧了。解决方法有双重含义。第一，我们必须制订一个我们已经测试过并且相信的投资计划，用它来指导你在压力下应当做些什么。当感到困惑和害怕时，我们要审视计划让我们做什么。第二，与我们信任的人讨论我们的问题是很有帮助的，除了倾听，他们甚至不需要做任何事情。聊一聊可以让我们变得清醒，知道我们需要达到什么目的。
7. **恶作剧。**投资者会为了它而违反规则。他们不计后果，这会导致自我毁灭。成功的真正关键是要制订一个计划并且遵循它。要制定明确的规则和指导方针，然后检验并遵循它们。
8. **偏心。**这很像恶作剧。古怪的人会发现所有有趣的事情。他们缺乏远见，无法分辨出事情的轻重缓急。解决方法与恶作剧的解决方法相同。
9. **消极抵抗。**这与投资有关，因为这些人试图避免在公共场合表明任何立场。投资涉及对金钱做出艰难的决策，并没有成为和事佬的空间。我们应当制订投资计划并执行它，而不是寻求同行的支持。要依靠我们检验过的计划，而不是其他人的验证。

10. **完美主义。** 这些人本身就是好的投资者。然而，他们往往会被小细节阻碍视野。他们不会采取行动，除非情况在每一个方面都是理想的。解决方法是优先处理关键的交易和投资任务，并努力工作。然后，学着接受情况的较小方面不会是灾难性的。

11. **渴望取悦他人。** 这些投资者会不惜一切代价来避免冲突。他们在每一个问题上都变得很灵活，以至于习惯性地同意与他们进行交谈的最后一个人的话。解决方法与解决消极抵抗的方法非常相似。

综上所述，所有这一切的关键技巧是要意识到当我们处于压力之下时，我们的性格是如何让我们失望的。在进行交易和投资之前，我们已经在生活中形成了很多习惯性行为。市场只会放大它们。

投资要义

正如管理损失比管理利润更重要一样，学会管理我们的性格弱点也是很重要的。第一步就是要意识到我们的性格可能会有的 11 个弱点，然后我们要制定策略来平衡我们的弱点。

28

处理投资损失的5种方法

作为一位投资专栏作家的缺点之一就是一旦人们发现了我所做的事情，他们就只想与我谈谈股票。我发现这些人可以分为三类。

第一类，也是最令人不愉快的是那些想要与我分享关于他们的投资或者投资方法的故事的人。这些故事都是关于他们是如何成功投资的，旨在表明他们有多么聪明。我试着聆听和微笑。我微笑是因为我知道他们的抽屉里有一堆能够证明其损失的文件。

第二类是那些似乎认为我是大师，以及认为我可以保佑他们毫不费力地就可以创造无尽财富的人。他们希望我对股市做出预测，并为他们提供有关股票的建议。遗憾的是，他们仍在寻找神奇的解决方案。无论我说什么，我总是感觉他们认为我有不肯说出的秘密。

第三类是我想在本章中谈到的那些人。他们是那些已经做了结果非常不好的投资，而想知道如何处理这些投资的人。他们是我可能能够提供建设性想法的唯一一类人。

他们中的一些人只持有一两只股票，经常通过工作或者升职来获得股票，比如那些在澳大利亚电信公司或者澳大利亚安保集团（AMP）工作的人。这些公司通常是那些在繁荣期股价在不切实际的区间内浮动或者是最近遇到了麻烦的实体公司。

他们中的另外一些人为我讲述了一些可怕的故事。在我的印象中，有个人在2000年年初用其25万美元的积蓄投资了科技和互联网股票。18个月后，这些股票只值3万美元。这是最糟糕的例子，但也有很多人在较小的初始投资中有类似百分比的损失。在2008年至2009年的熊市之后，我也听说了很多同样的故事，这在一定程度上是由金融危机引发的。我遇到过一些投资者，他们持有的大股票几乎完全崩溃。

当这些投资者问我他们应当做些什么的时候，首先我会问他们，当他们决定买入股票时，他们有何投资计划。这是显而易见的：除非我知道他们打算努力做什么，否则我无法思考他们的计划是否仍然在发挥作用。答案总是一样的：他们因为各种原因购买，却没有计划。

这个答案马上让我明白了他们受到损失的原因。如果他们不知道自己想要做什么，那么他们就无法知道什么时候开始出了错。因此，他们没有任何参考点来做出退出的决定，这也是他们现在问我这个问题的原因。如果他们有计划并遵循它，他们就不应当问我现在他们应当做什么。这是他们故事的逻辑，但背后却是一件非常重要的事情。在很多情况下，他们确实在繁荣期赚了一些钱，通常是早期获得的这些利润吸引他们去做了那些糟糕的事情。有时候，在他们变成失败者之前，他们只是纸上谈兵而已。

显然，这些人早就应当卖掉手中亏损的股票，但他们没有，因为在行为金融学中有一个众所周知的趋势：当面临着实现既定利润或者冒风险获得更大利润的选择时，大多数人会选择获得既定的利润；而当面临着承担已知损失或者冒风险等待翻盘的选择时，大多数人会选择后者。这是导致投资者持续亏损的重要原因。他们所做的事与好的投资者的行为正好相反，好的投资者会在盈利时继续等待，并在损失时及时出售投资。

一位理性的投资者必须与这种在获利时出售、在亏损时持有的冲动进行抗争，这与我们在刚开始就要做正确的事情一样。一位完全有逻辑的投资者会认为他们应当评估公司的前景。这可能通过分析公司的账目、管理和前景（这被称为基本面分析）来实现，也可能通过看看那些聪明的钱的市场价格表现（这被称为技术分析）来实现。如果他们通过分析发现公司是健全的，而且能够恢复，那么他们应当坚持下去并保持耐心。如果他们的分析表明事情可能会变得更糟糕，那么出售投资，并且投资另一家前景更好的公司才是符合逻辑的行动。遗憾的是，我们经常发现投资者并没有这样做，而是选择另外两种方法中的一种：他们坚持留下不好的投资，而他们的损失越来越严重。有些人自欺欺人地认为，除非他们出售投资，否则这种损失是不真实的，这是终极妄想。另一些人则认为现在出售的话，他们已经失去了太多。他们既没有正视损失，也否认受到了损失。从逻辑上说，他们在其他投资上会有更好的收获。无论剩下多少资金，投资那些上涨的股票总比留下那些下跌甚至会退市的股票要好。

他们会出售好的投资，而且通常会在该股票恢复之前（这被称为投降式抛售）。这类群体屈服于恐惧。恐惧与贪婪完全不同，是投资中最具破坏性的动机之一，因为所有成功的投资都包含着不确定性。恐惧有两种作用。

第一，恐惧使我们只关注消极的方面。实际上，我们只能看到消极方面，它掌管了我们所有的思想，积极被拒之门外。当我们读到关于某些情况的一些事实时，我们会看到每个不好的点，却忽视了每个好的点。在某些情况下，我们甚至认为中立的点是消极的。

第二，恐惧使我们过分重视过去和现在的坏消息，所以我们无法想象出一个不同的未来。

最重要的是找到想象另一个未来的一种方式。想想，如果我们决定出售投资，那么一定有人会向我们购买。他们一定对未来有不同的看法。他们可能只是意识到，即使在最糟糕的情况下，价格也不会直线下跌。他们也可能会为了快速获利而讨价还价。

另一方面，他们可能对商业的运作方式有更现实的看法。他们知道经济是一个动态的系统。变化是永恒的，坏的情况能够并且会在其他稳健的公司中得到扭转。我们需要寻找一位能为我们提供积极观点的顾问。

如果我们发现自己正处于投资损失的境地，以下就是如何开始处理这种情况的 5 种方法。

1. 我们需要有一份投资计划。我们可能需要专业人员的协助来制订合适的计划。我在我的《在股票市场上创造财富》一书中详细列出了我的投资计划，它可能会起到模型的作用。
2. 重新安排我们目前所持有的股票，并与该计划保持一致。我们要对自己当前持有的每一笔投资进行评估，并根据它们的前景和可供选择的其他投资来决定是出售还是继续持有。
3. 执行计划时，一旦出错，我们要迅速出售，并保持在获利的水平。
4. 如果一笔投资在上升趋势中出现了一些反复，但是基本面分析和技术分析显示一切都很好，我们就应当保持耐心。所有上升趋势都会随着强劲上升周期而展开，然后在下一个上升周期开始之前得到修正。我们应当让我们的计划发挥它的作用。
5. 不要把所有的钱都投入一笔投资。要分散风险，那么即使有一笔投资在我们出售之前变得很糟糕，那也不会是灾难性的。

投资要义

初学者通常都是从因高买低卖而受到损失开始的，他们想知道应当怎么办。第一，他们需要一份清晰的投资计划；第二，他们必须评估每笔按照计划的持有以及可选择的机会，并做出合理的决策来重新安排投资组合；第三，他们必须努力遵循自己的计划，在减少损失的同时实现盈利。

29

成功是可以计划的

巴菲特在为本杰明·格雷厄姆的《聪明的投资者》一书撰写的序言中写道，投资者要想成功就需要做到两件事：

- 有良好的决策能力；
- 在压力下保持自律。

另一种说法是，投资成功需要学习如何遵循一个稳健的投资计划。

投资计划是对投资者操作的目标、策略和方法的陈述。计划中应当包含做出投资决策所需要的所有信息，以管理投资游戏中固有的不确定性。计划将描述要购买的股票的类型、购买的时间、买入的数量以及何时减少损失或者获得利润等内容。

每位投资者都必须制订一个计划，以实现他们的目标，而且计划应当与他们的投资视野、知识、技能、经验、风险承受能力、态度、信念和个性相符。除非这样做，否则投资者在面对市场压力时就会感到不适，也不会有足够的信心。忠实地执行计划比计划的细节更重要。

在市场中赚钱有很多方法，这意味着没有适合于每个人的单一计划。大多数人都可以找到一种能够产生积极结果的方法，这意味着他们要有一个做出投资决策的框架。然后，他们发现了投资中最常见的问题：他们发现遵循自己的计划真的非常难。

加文决定投资蓝筹股，这些股票的股息收益率很高，并且正以低于平均市盈率的价格销售。他决定要为自己的退休建立一个投资组合，并打算持有这些股票很多年。他深入研究了百强股票，并选择了一只被我们称为“大媒体有限公司”的股票。买入后不久，大媒体公司的股价开始稳步上涨。很快，加文的账面上就有了 12% 的资本收益，而且几个月之后就会拿到股息。随后，大媒体公司的股价开始下跌，很快就回到了加文买入时的价位。更糟糕的是，后来股价跌至他的成本价之下。加文感觉到了巨大的压力。当价格跌至比其买入价还低 5% 的时候，加文失去了勇气并卖掉了它们，以减轻自己的痛苦。

然后，加文选择了另一只我们将其称为 Mega Paper 公司的股票。在一段时间内，该公司的股价很稳定，什么也没发生。然而几个月后，它开始上涨了。在此期间，加文注意到大媒体公司的股价也已经回升至其先前的峰值水平，并支付了高于 20% 的股息。他下定决心，不再犯同样的错误。随后，Mega Paper 公司宣布对竞争对手的恶意收购报价。虽然 Mega Paper 公司有反对意见，但是几位有影响力的权威人士还是认为，它支付的收购价太高了。Mega Paper 公司的股价在消息公布后下跌了 25%，而加文在震惊中卖出了该股。

加文继续买入了另一只股票。随着时间的推移，Mega Paper 公司开始复苏，一年后，其股价比加文的买入价高出了 35%，而加文所持有股票的利润下降使其心生恐惧，所以历史再次重演。加文的错误在于，尽管有一个完美的投资计划，他却没有遵循。简而言之，他缺乏自律。这正是沃伦·巴菲特对成功的第二个要求。

针对这种情况，没有什么灵丹妙药，但我们可以想出一种方法来尝试改变这种有破坏力的行为。一种方法是，加文必须改变他会对短期挫折做出反应的坏习惯，即使他是一位长期投资者。

改变一个习惯的一种流行且有效的方法会基于这样一种观点，即如果我们能够持续地、有意识地改变一种常规行为大约一个月的时间，那么我们就很有可能会养成一个新习惯来取代旧习惯。这个观点针对的是每天表现出一次或者多次的习惯。像加文这样的投资习惯可能会影响他好几个月，因此需要超过30天的时间来改变。如果一位交易员每天都进行交易，他可能只需要30天来改变一个习惯；而那些每个季度都用他们的存款购买更多股票的投资者则可能需要一年左右的时间来养成一个新习惯。

以下是一个在投资中培养自律习惯的计划。

- 写出你的投资计划。尽可能使计划完整。在决定计划的内容时，我的《在股票市场上创造财富》一书将是一个有用的参考。如有必要，请咨询专业的理财规划师。
- 参考多年的历史价格和多只股票来检验你的投资计划。你需要对你的计划能够在不同的市场条件下发挥作用树立起高度信心。
- 找一位帮手。他可能是你的配偶、亲戚，或者是一位值得信赖的朋友。向他们解释你的投资计划。告诉他们你将定期向他们报告你投资计划的进展。每个月在同一时间见一次面。
- 开始写投资日记或者周记。写下你做出每一个决策的理由。记住，如果发生了什么，你决定什么也不做，这仍然是一个决定。写下你如何评估某种情况，以及在这种情况下，你的计划是什么以及你决定做什么。
- 每完成一个星期，而且你的日记中有证据表明你遵循了计划，那么就以某种方式奖励自己一下。奖励可以是简单的自我祝贺，或者可以是你纵容自己购买一些小奢侈品。向你的帮手报告进度。请他们检查你的日记，并且请他们在你走入正轨时给予你积极的帮助。
- 写一份声明，并把它贴在你时刻都能看到的地方。说出新习惯，就好像你已经养成了这种习惯一样。比如，我会坚持我的投资计划，即使面对短期困境，它也会带给我回报。在你研究市场和做出投资决策之前和之后，都要对自己这样说一遍。

当然，你在这样做的时候会遇到困难。你会时不时地恢复旧习惯。你的日记将记录你如何使那些违反你计划的决策合理化，或者没有抓住展示自我的机会。不要对自己太苛刻。你只是一个人，改变一个习惯是大多数人面临的最困难挑战之一。重要的是不要让你的过错影响你作为投资者的自我价值感。相反你要意识到，改变一个习惯的道路很少是平坦的。

当你犯错时，回顾一下你做错了什么，并把你应当做的写进你的日记。向你自己和你的帮手承认错误。原谅自己的轻率。在这个过程中你要吸取教训，并将教训写入你的日记，重新开始。

期待有些人会有意或者无意地破坏你的努力。你可以做三件事：第一，不与别人谈论你的投资，除非你完全相信他们只会对你所做之事持积极态度，并且支持你的决定；第二，尽量与积极的人交往，回避那些消极的人；第三，如果有人正在干扰你，而且你无法回避，重要的是你要自信，告诉他们你希望他们在与你进行的投资中做些什么。

当然，总有一些投资无法按照你的计划执行。建立多元化的投资组合是解决这一问题的主要方法。任何投资都不应当在你的投资组合中占据太大的比例，因为它们的失败会带来灾难性的后果。在任何情况下，你都应当设置一个止损点，一旦到达该点就要出售这笔投资。多样化和止损点都是至关重要的。

投资要义

在投资中，最重要和最困难的部分就是遵守一个合理的投资计划。如果你没有成功，那么你可能已经在财务方面养成了具有破坏性的习惯。识别这些行为和习惯虽然很难，但并不像改变它们那样难。本章介绍了改变习惯或者行为的步骤。

30

投资的七宗罪

典型的个人投资者在市场从牛市过渡到熊市时会坐上情绪的过山车，他们会对牛市最后一个疯狂阶段的股票感兴趣。他们的第一次买入很有可能产生了利润，从此他们沉迷于此，认为这会使他们更富有。很多人会尝试投机，而不是投资。他们转投了那些更刺激且有风险的股票。有些人甚至会成为全职的日内交易者。他们参加研讨会，并且购买那些告诉他们买什么以及什么时候卖出的软件。

接着，泡沫破灭了。由于缺乏应对市场周期的经验，他们被惊呆了。之前投机的宠儿们疯狂地下跌，可怕的纸面损失套牢了那些从未准备好并且不知道如何应对市场下跌的人。他们发誓要一生远离股票，指责公司的发起人和管理者、政府监管机构以及他们能够想到的所有人，但是就不包括他们自己。

更好的专业投资者和经验丰富的个人投资者玩的是完全不同的游戏。这种游戏是孤独的，他们通过对不同群体采用不同行动的方式不断接受挑战，并且不顾一切地加入奔向金融悬崖边缘的群体。这些投资者会在股票便宜时买入它们，因为这将是熊市的最后阶段以及牛市的开始。他们的任务既孤独，又艰难。金融媒体充斥着坏消息，人们也普遍认为股市永远不会复苏。其他人则认为股市如此危险，他们完全失去了对它的兴趣，并且把投资股票市场的所有人都视为误入歧途的傻瓜。

然而，这是买入股票的最佳时机。市场具有在极端高估时期和极端低估时期之间波动的长期趋势。专业人上和聪明的个人投资者会在周期的底部开始买入，并在牛市趋势上行时继续买入。随着价格回归正常，股票变得完全定价时，他们会坐下来分享收益。

市场迟早会过热，更好的专业人士和聪明的个人投资者开始卖出股票。更多的公众投资者发现了牛市，并急于接手这些价格过高的股票。对新股票的需求是如此之大，而这些企业都是市场为其支付了愚蠢价格的企业。在这个过程中，它们只不过提出了开启新业务的建议而已。结果总是以眼泪收场。

大多数经验不足的投资者在结束时损失了大部分的钱，他们没有从这次经历中学到任何东西。然而，一些人确实看到了教训，并决心下次采取不同的方法。他们加入了胜利者的行列。

当我们了解了这个过程时，一切看起来都很简单。在熊市结束时开始买入，在上涨的时候继续买入。当股价过高，而且他人开始买入时卖出，这样当牛市结束时就不会有太大的风险。

然而，这绝非易事。困难不在于逻辑，而在于我们的思维方式。本书讨论的一切几乎都会在某个时刻起作用。然而，有 7 种特殊的心态有特别的相关性。

1. **认为有人能够预测市场。**人们普遍认为，我们可以预测未来，或者至少某位大师有这种技能，可以告诉我们或者教我们怎么做。而现实是，未来几乎不可能被持续且准确地预测。各行各业中的专业人士都大大高估了自己做预测的能力。没有什么比这更难了，而且专家对股市的预测往往会失败得更频繁。

   为了成功，我们需要一个不同的策略，那就是忘记预测，并且制定一个不需要我们知道会在何时发挥作用的策略。实际上，这个策略是显而易见的：当股票价格低时买入，价格高时卖出。沃伦·巴菲特一直在对愿意倾听他意见的人说这句话，但只有很少数听进去的人获得了成功。

2. **尝试完美。**完美主义者最难完成投资游戏。这是因为投资是管理不确定性，而不是找到可以计算的确定性。他们会延迟投资，直到时机成熟。他们想在底部买入。这是不可能的，除了两类人能做到：幸运的人和骗子。为了成功，我们必须接受和管理不确定性。我们必须开始买入，知道市场可能在上涨之前会先下跌，因为我们不知道底部在哪里，除非有后见之明。最好的投资决策往往是最难做的。
3. **害怕犯错。**这与追求完美有密切的关系。不仅仅是完美主义者在这里受苦，没有人喜欢亏损。然而，由于始终无法预测公司和经济的表现，我们能做的最好的事情就是找到机会，并且管理那些作为投资固有组成部分的不确定性。然后，我们要构建起那些能够让我们看见希望的股票投资组合，同时卖出令我们失望的股票。关键在于用低价买入优质公司的股票，再结合稳健的资金和风险管理，以安全边际进行投资。
4. **无法独立行事。**由于我们需要以与一般公众几乎相反的方式行事，投资可能是一个孤独的职业。那些需要从同伴那里不断获得安慰的人会发现投资非常困难，除非他们能够以某种方式将自己和那些与新闻媒体和一般看法有相左意见的人联系起来。这个任务在最重要的时刻是最困难的，即围绕着市场的重要转折点。出于这个原因，很多伟大的投资者都是坚强、自律的人，他们经常有相似的头脑。
5. **过度自信。**出于某种原因，人们似乎认为投资很容易。现在有很多关于过度自信的研究都表明，我们对某件事的了解越少，我们越会高估自己的能力。残酷的真相是，投资是非常困难的。它需要正规的教育、经验、努力和坚持。
6. **缺乏耐心。**投资不是即时满足。最好的投资者总是会慢慢变得富有，回避迅速致富计划的诱惑。他们知道什么看起来太好而令人难以置信。每年，我们的生活似乎都在加速。我们想要立即花掉我们的钱并看到结果。然而，投资并不是这样的，基本上，它是通过将我们的部分积蓄用于资助商业行为来承担不确定性的，结果通常需要几年时间才会显现。除了投资于成长性好的企业，并且让我们的资本与企业一起增长，没有什么其他可持续的方法。

7. **有不切实际的期望。**投资者期望的离现实最远的东西是可以合理预期的回报率。为什么他们会因为推广利润丰厚的系统而失败呢？沃伦·巴菲特可能是我们这个时代最伟大的投资者之一。报告显示，在 1965 年至 2011 年间，他的回报率约为 20%。任何超过该回报率一半以上的投资都是好投资。巴菲特远离了对科技和互联网的狂热期望。有人说巴菲特失去了机会，但其实是这些人失去了理智。

投资要义

投资的关键是在股票价格低时买入。这并不容易做到。我们要克服的 7 种心态是：

1. 认为有人能够预测市场；
2. 尝试完美；
3. 害怕犯错；
4. 无法独立行事；
5. 过度自信；
6. 缺乏耐心；
7. 有不切实际的期望。

31

投资的完美时机是无法预测的

让我们回想一下 21 世纪的前十年。自 2003 年年初以来，股票市场一直处于牛市，利率低，而股价在不断上涨。学者和市场评论家制作了很多统计数据以表明，从长期看，股票市场总是上涨的，并且产生了比其他资产类别（如不动产、债券或现金）更好的回报。人们普遍认为，中国的经济增长将在很长一段时间内持续强劲，并带来资源的繁荣。似乎每个人都在买股票。

大约在这时，特雷弗和露丝继承了一大笔遗产，他们决定退休，靠遗产的收入生活。他们面临的问题是如何投资。特雷弗一直对投资，尤其是股票感兴趣。然而，他觉得自己并不懂得如何管理这么大一笔钱，所以特雷弗和露丝重新回到了学校。

他们没有参加那些鼓吹能够让投资者快速致富的研讨会，而是自己研读，并且与卡普兰公司（Kaplan）进行了一些研究。与此同时，他们把这笔遗产存入了一个高收益的网上银行存款账户。

他们进行了两年的全日制学习，在学习结束时，他们觉得已经准备好开始了。他们读过杰里米·西格尔（Jeremy Siegel）的《股市长线法宝》（*Stocks for the Long Run*），书中似乎说如果他们投资股票，他们是不会失败的。然后，他们再次阅读了查尔斯·金德尔伯格（Charles Kindleberger）的《疯狂、惊恐和崩溃：金融危机史》（*Manias, Panics and Crashes*）。书中似乎说，在21世纪前十年的后期，像他们正在经历那种疯狂的牛市总是以眼泪和巨大的损失收场的。他们感到很困惑。

经过一番思考和讨论，他们认为现在进入股市太危险了。最完美的时机似乎是在熊市之后，价格已经下跌了几年，并开始再次上涨时。如果他们是在21世纪前十年初期继承了遗产的话，他们认为投资会容易得多。因此，2006年和2007年他们一直在等待，而此时股市疯狂上涨，他们的资金只在电话账户中获得了一笔稳定却不引人注目的回报。

随后就是2008年和2009年初的全球金融危机和熊市。他们庆幸逃过一劫。很快，市场再次反弹至2010年年初的水平，他们依旧对是否要进入市场感到苦恼。最终，他们没有进入市场，并且再次对他们的决定感到满意，因为市场开始广泛波动，并于2010年年中开始下跌。

到2010年年底，市场再次上涨。2011年年初，他们想知道自己是否应当尝试买入一些股票，但是他们缺乏这样做的勇气，并继续袖手旁观。然后，到2011年下半年，市场严重下跌，他们为自己的等待感到庆幸。他们周围的消息是如此负面，以至于他们确定市场会进一步下跌。

2012年年中，市场趋于平稳并开始上涨。他们依然无动于衷，因为基本面上的消息仍然是负面的。反弹继续，上涨势头越来越强劲，市场到了2011年的高点。

当我写这篇文章时，特雷弗和露丝认为时机已晚，他们再次错过了上涨的机会。

然而，从他们完成学业到现在（2013年），他们仍然没有行动。澳大利亚证券交易所所有普通股总回报（累计）指数现在已经比2009年3月熊市的最低点高出了92个百分点，而该指数最能够反映投资者的回报，因为它假设股息会再投资。正如罗斯柴尔德男爵（Baron Rothschild）对最佳买入时机的描述那样，“当街上有血的时候”才是完美的买入时机，而他们都错过了。市场波动很大，这是一个艰难时期，但四年来，市场几乎翻了一番，而他们却还没有买入股票。他们绝非个例，我遇到过很多仍然害怕回归股市的人。

他们的故事与另一种常见的情况完全相反。人们在 21 世纪前十年中期涌入股票市场，在 2008 年至 2009 年的熊市中损失了大部分的存款。在这种情况下，投资者在没有知识或者经验的情况下仓促行事，也不知道什么时候该离开，最终被套牢。特雷弗和露丝虽然没有犯这个错误，但从此以后，他们也没有参与过市场的上涨。虽然通货膨胀率低，但是那些遗产的实际价值在这一时期却减少了。

特雷弗和露丝经历的是一种在股票市场中众所周知的综合征。在某种程度上，每当股市开始上涨时，每个人都会经历这种情况。价格在上涨，但似乎看起来总是很脆弱，而且消息也是模棱两可的。市场对此有这样的解释，即牛市正在“翻越一堵忧虑的墙”。不太友好的是，聪明的投资者会指责特雷弗和露丝害怕“扣动扳机”。

经验丰富的投资者已经学会了如何翻越这堵墙。以下是一些有助于你克服恐惧的观点。

1. **没有人能告诉我们会发生什么。**用任何一致性来预测未来都是不可能实现的，更不用说准确性了，就连专家们也可能会对市场走向做出错误的预测。我们应当做的是忘记预测未来，并根据市场现在的情况来管理我们的投资。我们应当制订一个总体投资计划。然后，对当前市场的情况进行评估，并制定一个策略来管理我们面临的情况。我们应当继续实施该策略，直到市场情况发生改变。然后，我们应当调整策略，以适应市场情况并且实施它。
2. **没有完美的时机。**初学者总是想要抄底市场。经验丰富的投资者都知道，我们无法知道市场底部在哪里，直到它真的出现。有效的方法是买入那些价格上涨且被低估的股票。我们在下跌的市场中找不到很多这样的股票，因为所有股票在市场下跌时都会下跌。然而，以低价买入可靠的股票是安全的，因为它们的价格明显在上涨。而如果该股表现不佳，我们就可以使用我们投资计划中的卖出规则来卖出它。

3. **总是有不确定性**。如果我们知道会发生什么，就不会有市场，也不会有利润。投资就是要承担和管理不确定性。在最好的情况下，我们有大约一半的投资是有效的，其中约 20% 的投资将产生约 80% 的收益。诀窍在于持有良好的投资，并迅速卖出那些不好的投资。

4. **以我们的方式进入市场**。一种可能适合特雷弗和露丝的策略已经在市场上存在很长时间了，它被称为平均成本法（dollar–cost averaging）。特雷弗和露丝原本可以在 2009 年全球金融危机之后使用这种策略。他们可以根据历史推断出，大多数熊市最多会持续 2 ~ 3 年。由于他们无法预测市场何时会触底，最好的方法就是逐步投资周期曲线的一边，然后再投资另一边。他们可以把继承的遗产分为六个部分，每年投资一部分，或者他们可以进一步分解每个部分，并逐年投资。

这个策略可以在他们的投资中重复应用，它不仅适合时间的推移，而且还适合于不同的行业。在技术上，这被称为多元化。意思就是，即使一笔投资发生了不好的情况，那么结果也不会是灾难性的。

很多初学者也忽略了这一点，即我们不必一次性购买所有投资（力求完美），除非我们的现有资金非常少。比较合理的想法是先买入一些，看看它们是如何运作的。如果情况不妙，我们就可以卖出。而如果一切顺利，我们就可以再买入一些。

最后请记住，只有在价格上涨时，我们才会获利。我们应当买入那些有上涨趋势的股票，回避 / 卖出那些有下跌趋势的股票。即使是长期的被动投资者，也不总是能获得最好的结果。因为随着时间的推移，行业会发展或者衰落，曾经伟大的公司也可能会失败或者倒闭。

投资要义

没有办法预测开始投资的完美时机，因为我们总是要管理不确定性。我们需要一个计划，然后执行它，如果必要的话要对其进行修改，以适应市场情况。如果我们使用平均成本法来分散投资，并使我们的投资实现多元化，那么这就大大有助于管理不确定性，因为即使一只股票崩溃了，也不会为投资组合带来灾难性的后果。

32

大规模抛售是结束熊市的唯一方式

回到2009年年初。从2007年年底开始，我们一直处于一个非常糟糕的熊市中，这是自1974年以来最糟糕的熊市。对很多投资者来说，这是一种新体验。他们摆脱了中国快速城市化带动的资源繁荣，在21世纪前十年中期的牛市中第一次进行了投资。他们所有的经验都表明，股市上涨了。如果股市从最后一个峰值开始下跌，那么这也只是一个回调，而这正是一个买入的机会。

经过了2008年，尽管困难重重，一些投资者仍然希望这一年的反弹会是新一轮牛市的开始，并且一直在买入。随着每一次短暂反弹的失败，市场跌至新低，他们意识到了这些反弹在熊市中被称为“傻瓜集会”的原因。傻瓜们买入了这些股票，而精明的投资者则利用这些反弹机会把手中表现不好的股票卖掉了。

到2009年年初，熊市已经持续了一年多的时间，这些投资者终于开始意识到股市也会下跌了。当股市最终于2009年4月开始上涨时，他们认为这只是又一次反弹，而不是新一轮牛市的开始。对很多人来说，这种与市场现实的对抗是非常可怕的，因为这吞噬了他们很大一部分财富。

莎拉是这些新投资者中的一员，她的朋友杰森在2006年将她带入了股市。

杰森吹嘘自己通过买入那些飞速上涨的股票获得了巨额利润，比如 Babcock & Brown、ABC 学习系统（ABC Learning Systems）、Centro 和 Allco。莎拉没有意识到的是，杰森的股票是涨了很多，而且还在上涨，但是在他卖掉这些股票之前，他实际上并没有获得这些利润。

杰森还没有意识到在牛市买入股票是一件容易的事情，而知道什么时候卖出才是棘手的问题，这也是输家与赢家的不同之处。

莎拉开始买入杰森买入的股票。有时候这些股票拿走了他们的利润，但是他们总是很快就会把这笔钱再投入更多的高风险股票中，因为正如杰森所说，那才是值得行动的地方！

然后，随着 2007 年接近尾声，他们的策略出现了分歧。杰森参加了一个期权研讨会，听到了如何利用保证金贷款来使用他的资金。他建立了一个大额保证金贷款机制，并买入了更多高增长性股票。莎拉是幸运的，因为她向她的祖母征求了意见，她祖母记得她去世的丈夫在 1987 年的大崩溃中几乎失去了一切，而原因就在于那些为了不明智的扩张而大量借款的伟大企业家失败了。她让萨拉读一下特里沃·赛克斯的《勇敢的骑士》一书，并建议她把一些利润投入稳健的蓝筹股。

2008 年年初，杰森遭受了可怕的损失。他无法满足追加保证金的要求，被清仓了。杰森不得不向他父亲借钱，以避免破产，现在他的债务要好几年才能还清。离开杰森后，莎拉自己管理着自己的股票。当她所持有的高风险股票开始迅速下跌时，莎拉听从她祖母的建议快速地卖掉了它们。然而，她的蓝筹股的价格也在持续下跌。虽然这些公司是安全的，但是她的财富却在持续减少。

几个月过去了，莎拉的蓝筹股一直在下跌。她认为它们下跌得过头了，现在不能卖了。如果她有耐心的话，它们就肯定会好起来吗？这可能需要一段时间，但最终她会拿回她的钱的。

随后，市场于 2008 年年底开始反弹，莎拉松了一口气。然而，2009 年伊始，市场开始稳步下跌，而且是日复一日地下跌。整个世界似乎都陷入了危机。2009 年 3 月初，莎拉无法再忍受了。她登录了自己的互联网经纪账号，含着泪水卖掉了那些蓝筹股。她失去了超过了一半的积蓄。这是熊市中最糟糕的一天。几个星期后，市场开始大幅上涨。

莎拉的遭遇在股市的行话中叫作投降。这个词似乎是詹姆斯·克拉默（James Cramer）于 1997 年 4 月 7 日在 TheStreet.com 上第一次提出的。投降的一般意义是屈服或者放弃。这正是莎拉所做的。很多人当时也这样做了，这是一种群体行为。在市场上，很多投资者希望结束财务上的痛苦，并卖出了所有股票。很多人仍然在坚持，他们在祈祷的同时承诺，如果他们能够脱身，将永远不再买股票。

市场在其重新崛起之前要进行自我净化的这种观点并不是新出现的。然而，新出现的观点是大量、大规模抛售是结束熊市的唯一方式。经验丰富的分析人士知道，所有熊市都是这样结束的。投降可能采取的形式是恐慌式抛售，但这不是唯一的形式。可能出现的情况是，抛售会在一段时间内缓慢地进行，因为损失惨重的投资者会逐渐对经济复苏失去信心。

投降观念的普及本身就是一个有趣的行为现象。它基于以下两种错觉。

- **渴望一个简单场景。**当我们面对巨大的压力以及一个具有高度不确定性的复杂局面时，我们都很容易受到权威人士的影响。我们想要相信他们，而且我们确实是这样做的。知识渊博的人坚持认为，事情将遵循某一特定路线发展，这非常有说服力。我们不必为自己考虑，我们只需要听从权威人士的指引，他或者她知道该怎么办。
- **渴望快速结束痛苦。**人们意识到，目前的情况是，价格已经被推高至不切实际和无法持续的水平。一旦被接受，人们自然而然地就想要这种情况被快速纠正，这样我们就可以继续赚钱。如果我们必须经历痛苦，那么就让它快些到来吧。而且，我们暗自希望它快点实现，除了我们，每个人都会承担损失。然而，这只是一个美梦！

这两种需求被称为错觉的原因在于它们是不合理的。如果每个人都认为某件事会发生，而他们可能会逃避惩罚，那么事情根本就不会发生。除非他们都会为自己以愚蠢价格买入的股票承担损失，否则他们就不会投降。

投降可能会以一种突然的、猛烈的大规模抛售的形式出现，但也可能不会。在这种情况发生之前，抛售股票的人必须面对他们难以承受损失的两个原因。

- 很多投资者不相信他们在卖出股票之前就已经出现了亏损。也许他们仍然相信，他们的股票可以回到他们的买入价。然而，当股价越来越低，现实也慢慢地浮现出来。钱没了，而他们最好能够挽救剩下的钱。有些人可能能够接受 50% 的下跌，而其他人可能能够接受 90% 的下跌。
- 很多投资者都不愿意承认自己错了，因为他们的自我参与了股票交易。因为市场的下跌导致了痛苦，直到人们承认对失去更多的恐惧大于承认他们错了的痛苦。

投降可能是由于突然大规模的猛烈抛售引起的，但是也可能会在几个月甚至更长的时间内逐渐发生。无论如何，投降都会发生，我们要注意对复杂现象的简单解释。

后记

本章内容所参考的文章是在熊市最终结束前的一个或者两个月才完成的。尽管专家们齐声告诫大家要注意投降，而且直到它发生之前，熊市仍未结束，事情还是有了一点不同。虽然价格猛烈下跌了几个月的时间，但在过去两个月的时间里，市场底部的平均成交量仅略微回升。底部三天的成交量相当少，如图 32-1 所示。显然，专家们所预期的灾难性投降并没有发生。

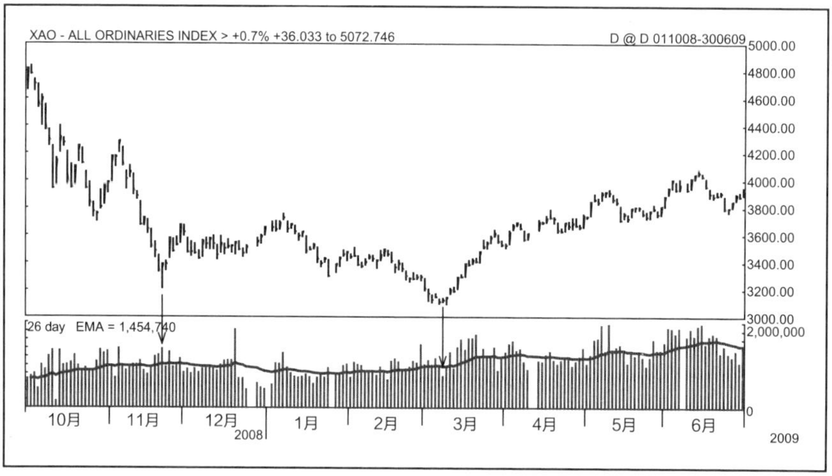

图 32-1 澳大利亚证券交易所综合指数（2008 年 10 月—2009 年 6 月）

注：2008 年 11 月的低点处出现了成交量的回升，这可能暗示着投降，但此后市场走低。

投资要义

投降是一个新观点，它描述了当投资者群体在同一时间行动时发生的现象，他们以大量抛售结束了熊市。投降基于两种错觉：只有一个简单的答案来解释熊市的结束，以及渴望快速解决。熊市可以以多种方式结束，投降或者大规模恐慌只是其中一种方式。

33

艰难之路，唯勇者行

在我写这本书时（2013 年 2 月），我们已经在我所经历的比较难的市场中度过了 3 年时间，这至少是在 1987 年大崩溃后的 1988 年至 1993 年期间持续时间最长的一轮熊市。

当股市上涨时，大多数人都能赚到钱，至少在纸面上是这样的。甚至猴子也被认为能够在强劲上涨的市场中成功地选择股票。

大多数投资者最终会在市场下跌时再次买入他们在市场上涨时买入的股票。虽然大多数投资者不太喜欢这些股票，但股市下跌也很容易处理。他们只需要在市场上涨时执行相反的策略即可。在一个不断上涨的市场中，诀窍就是尽早进入并坚持下去，而在下跌的市场中正好相反，即早点退出并不要进入。

然而，第三种市场情况确实很难处理，而且可能也非常危险。这就是当市场横向波动的时候，某一瞬间市场会反弹，但下一分钟就会崩溃，拿走近期所有的收益。我们会听到投资者抱怨他们的失败和坏运气。事实是，很多投资者低估了股市和个股在横向跟踪上花费了多少时间。

在横盘市场中，另一种说法也有其道理：艰难之路，唯勇者行。这正是投资者为他们的钱努力工作的时候。在上涨的市场中，任何傻瓜都能赚到钱。如果他们有一半的聪明，他们也可以避免市场的下跌。然而，在横盘、没有尽头的市场中，我们发现，投资者应当掌握必要的技能并保持自律才能够成功。如果横盘市场是最难应付的，而我们准备好面对它，那么如果有其他事情发生的话，我们也应当能够应付。

首先投资者必须制订一个包括横盘市场的投资计划，他们需要想清楚他们打算做什么以及如何尝试去做。

在横盘市场中，总有一些股票会继续上涨。人们不容易找到它们，而且可能会有很多失败。投资这些股票的关键是要有一个非常清晰的计划，有精确的规则和指导方针，再加上铁的纪律，以在趋势向下时减少损失。在一个正在上涨的市场中，在某种程度上，利润往往很容易获得。在一个横盘市场中，利润是来之不易的，关键是不要让不可避免的损失超过利润。在横盘市场中，投资者在一定程度上应当忘掉利润，把几乎所有精力都集中在避免损失上。

投资者应当做的一个关键战略决策是他们打算投入横盘市场的资本比例。有趣的是，很少有投资者想过这个问题，他们只是认为他们应当把所有钱都投入市场。这种信念来自大型基金的基金经理的宣传，他们指出，如果投资者在每年 10 个最佳日子里没在市场中的话，那么他们的回报将受到致命的打击。这种说法是自私的。大型基金的基金经理很难自由进出市场，所以他们真的别无选择。而且，他们的基本收入是投资其基金的资金的百分比，所以他们对留在基金中的那些投资者有强烈的兴趣。然而，小的个人投资者有很多选择。同理，如果我们在 10 个最糟糕的日子里离开市场，那么我们的回报将大大提高。对于小投资者来说，掌握进入不断上涨的市场、离开下跌的市场的技能，并谨慎地参与横盘市场似乎更有意义。

当然，小投资者应当把握好市场的时机说起来很容易。问题是，只有当他们掌握了了解当前市场的技能时，他们才会尝试这样做。这不是一件容易的事，可以通过正规教育、勤奋地研究市场和积累经验来完成。

那些想要进行投资的小型个人投资者需要从专业基金经理那里借鉴一些东

西。总之，他们也必须变得非常专业。就像前文所讨论的那样，他们必须有一个计划，但这只是第一步。关键是监控两点：正在实施的计划，以及它是否有效。专业人士倾向于将其良好的投资记录保存下来，而业余投资者往往有一个装满经纪人确认文件的鞋盒，到年底再交给会计。这并不是成功的投资行为。

最好的小投资者会效仿专业人士。他们会随时更新记录，因此他们可以监控自己在截至目前的一年中是如何进行投资的，并在偏离方向时及时采取纠正措施。有些人甚至会绘制一条股票曲线，这是其投资组合每天或者每周的价值与市场指数及其当年目标回报率的比值。如果他们落后于市场和自己的目标，他们就会开始寻找错误，并审视他们的策略。

还有另一种类型的记录同样重要，特别是对于初学者而言，那就是投资日记。它应当记录下每一个投资决策、决策何时以及为什么被做出，关键是决策与投资计划的规则是如何保持一致的。这需要在意志和纪律方面付出一定的努力，但根据我的经验，这一点对于提高决策能力是非常重要的。投资日记可以完全保密，或者可以与合作伙伴分享，以满足每位投资者的实际情况。关键在于这是一个诚实的记录。如果投资获得的结果低于预期，那么就可以分析日记内容，以检查计划中是否存在问题，或者计划在执行过程中是否存在问题。那么，该计划是否应当被审视或者是否需要重新努力执行就是显而易见的了。

最后一种观点是，在一个横盘市场上，人们一般不可能像在上涨的市场中那样获得高回报。因此，重要的是确保目标结果是现实的。仅仅这一点就会使投资者避免不必要的焦虑，因为他们很难在举步维艰的市场中获得成功。

投资要义

在困难的市场中，专业投资者往往比小投资者做得更好。虽然可能很难在下跌的市场生存，但是小投资者可以观望。对小投资者来说，真正困难的市场是横盘市场。横盘市场中的一些指导方针是：

- 专门为横盘市场制订计划；
- 决定参与程度，最好只是部分投资；
- 记录投资曲线，并客观地评估投资表现；
- 写投资日记，并记录经验教训，尤其是计划是否被执行；

对困难的市场有现实预期。

34

赶早别赶晚

缺乏经验的投资者总是会错过下一轮牛市的开始。了解初学者会在投资盛宴中迟到的原因对于成为一位更好的投资者来说非常重要。

首先，让我们设定一个典型的场景。股市在这几年一直稳步上涨，很多人开始对投资股票感兴趣。越来越多的人被带入股市，并买入热门股，争取获得浮动收益。而这一切都将以泪水结束。要么是市场几乎在一夜之间崩盘，要么是价格持续下跌。一些大公司倒闭。很多金融丑闻被揭露。政府出台新法律，来制止未来的滥用行为。大多数人退出股市并开始安全投资，比如投资固定收益率产品。有些人开始投资房地产，据说房地产从来不会下跌。

如果我们从 20 世纪 90 年代的某段时间以来一直在投资，我们将经历两个完整的周期。这个周期的第一部分被称为牛市，此时人们失去了所有的观察力，疯狂地买入股票直到音乐停止。然后，他们就像那些在旧派对游戏中拿着包裹的人一样。讽刺的是，如果你买入了一家公司的很多股票，那么这通常被称为一个包裹。

这个周期的第二部分被称为熊市。此时，现实情况相当残酷地破坏了你的乐趣。热门股票下跌了 90% 或者更多，而且即使是好公司，与其峰值相比，股价也下跌了 40% ~ 50%。突然，没有人愿意再谈论股票，因为他们自己的投资也失败了。更糟糕的是，那些管理着他们普通储蓄和养老金的专业人士也在赔钱，虽然可能没那么多。这打破了股票市场只会上涨的假象。大多数人认为投资股市风险太大，并决定永远离开它，这意味着直到最后一轮牛市的疯狂被彻底遗忘。

这只是另一轮牛市即将开始的环境，它在 2003 年上半年就开始了。因为对股市有太多的恐惧和抱怨，大多数人都不再关注股市，而这一切都发生在他们的意识领域之外。然而，专业人士和经验丰富、精明的个人投资者正在为 2003 年至 2007 年的牛市做准备。

接着，随着 2007 年的结束和 2008 年的开始，另一轮熊市开始了，这就是众所周知的全球金融危机：债务驱动繁荣的结束导致很多西方经济体的银行体系严重崩溃。

熊市于 2009 年 3 月到达最低点，自那时起直到我写这本书时（2013 年 2 月），市场一直处于长期的横盘模式。自 2009 年 3 月以来，很多个人投资者已经离开了股市，开始进行定期存款。但是，专业的基金经理和有经验的个人投资者一直在投资股市。这是一个艰难的时期，但正如我在 2013 年 2 月 25 日写的那样，澳大利亚证券交易所所有普通股总回报（累计）指数较 2009 年 3 月的底部上涨了 92%。

专业基金经理和有经验的个人投资者每次在人们认为熊市已经结束时都会做些什么是非常不容易的。可能有很多错误的开始和艰难的时刻等待我们经历。如果我们想一想，我们在最艰难的时刻做出投资决策总会产生最好的利润。如果每个人都知道将会发生什么，那么好的价格也就不会出现了。

对于缺乏经验的投资者来说，导致这个问题出现的原因之一就是下一轮牛市总是在我们被坏消息包围的时候开始。这是经济学家所熟知的，他们在长期观察后认为，市场价格不是由当前事件决定，而是由投资者对未来的预期决定。当我们买入某只股票时，我们买入的不是去年的收益，而是明年的预期收益。总的来说，投资者似乎试图在观察未来 6 至 12 个月的情况。

这种对未来的关注解释了市场传说的一部分，即有传闻时买入而在变成事实时卖出，或者市场会在有好消息时下跌。价格通常会越来越高，到达最乐观的投资者可以支付的水平。而一旦人们知道了事实，价格往往会趋向于更现实的水平。另一方面，当坏消息被公布时，价格往往上涨。同样，股票被卖出，到达最胆怯的卖家可以接受的价格。当事实已知时，价格会上升至一个更现实的水平。

然而，这里有一个悖论。当经验丰富的评论员，比如经济学家，被请求预测未来某个时点的价格时，他们也都只倾向于展望未来。如果有明显的趋势，他们会向前推进这种趋势。而如果没有趋势，他们则认为情况会保持稳定。有趣的是，实际结果往往超出了他们的预测。所有趋势最终都会结束，但是很少有专家认为它会到来。

大多数人很难想象未来生活与现在生活的不同，这是他们攒不够为增长投资以及为突发事件准备的应急资金的原因之一。这真的是一个很难解决的问题。在我们探讨如何解决这个问题之前，我们需要了解人们是如何应对这个难题的。

人们对未来的不确定性做出反应的第一种方式是寻找一位可以预测未来的大师。这些大师是非常危险的人物。问题是他们可能很有说服力。他们掌握了以下两个基本技巧。

- 他们告诉我们想要相信的东西。他们让我们相信只要听信他们说的话，好的东西就会来到我们身边，这就助长了我们的恐惧和贪婪。这些承诺应当提醒我们，如果某件事听起来好得令人难以置信，那么它通常就不是真的。
- 他们很有说服力地解释了过去，然而，他们却将此作为预测未来的基础。不言而喻的假设是如果有人能够解释过去，那么他们也一定能够预测未来。这个假设是完全错误的。解释过去并不难，任何有能力的历史学家都可以做到。此外，研究表明，用任何一致性或者准确性预测经济或者金融市场的未来几乎都是不可能的，尤其是在我们试图预测未来的时候。

人们对未来不确定性做出反应的另一种方式是逃避做决定。他们逃避了风险，也错过了机会。牛市始于他们的视野之外。他们不会错过他们本可以获得的利润，直到他们意识到周围发生的事情的时候。

回过头来，我们能做到的就是确保我们可以想象出一个与现在不同的未来。第一步是培养必要的历史观，这是想象可能性的必要条件。每一代人都在重复过去的错误。讽刺的是，了解过去可以帮助我们想象未来可能发生的事情。股票市场是一块非常肥沃的土地，因为在过去有多次已经被重复的近似周期。这些周期是受人类行为所驱动的，因此不太可能发生太大改变，因为大多数人不会从过去学到什么，他们对过去发生的事情几乎没有什么概念。

广泛阅读关于经济和社会发展趋势的不同观点也可能有所帮助。正确地认识这些趋势将有助于我们想象出一个不同的未来。那些质疑既定套路的观点会特别有价值。

这里没有捷径。我们必须做的就是阅读和思考。对过去的充分了解将给我们带来更丰富多彩的可能性，而不是大师虚假的确定性。随着事件的发展，我们可以根据我们开发的场景验证现状，并相应地调整我们的策略。

以下是一份阅读清单。

◎ 伯纳德·巴鲁克（Bernard Baruch）：《在股市大崩溃前抛出的人：巴鲁克自传》（*My Own Story*）。

◎ 约翰·布鲁克斯（John Brooks）：《华尔街：泡沫岁月》（*The Go-Go Years*）。

◎ 查尔斯·金德尔伯格：《疯狂、惊恐和崩溃：金融危机史》。

◎ 查尔斯·麦基：《大癫狂》。

◎ 卡门·莱因哈特（Carmel Reinhart）和肯尼斯·罗格夫（Kenneth Rogoff）:《这次不一样：八百年金融危机史》（*This Time Is Different*）。

◎ 威廉·谢尔顿（William Sherden）:《预测业神话》（*The Fortune Sellers*）。

◎ 罗伯特·希勒:《非理性繁荣》。

◎ 杰里米·西格尔:《股市长线法宝》。

◎ 特里沃·赛克斯:《两个世纪的恐慌》。

投资要义

牛市开始前，消息面从消极转向积极。这是因为人们投资于预期，而不是当前。我们大多数人很难想象出一个与现在不同的未来。有虚假确定性的大师并不是问题的答案。关键之一是要了解历史，寻找相似之处和趋势。要广泛阅读，永远不要停止思考、假设以及测试当前的可能性。

35

被恐惧蒙蔽

对危险的情绪反应被称为恐惧，它对我们的生存也至关重要。那些完全没有恐惧的人在很多方面都有自我毁灭的巨大危险。恐惧在股市中也很重要，它虽然可以保护我们，但是也可能让我们陷入严重的错误。

洛蕾塔是一个年轻女子，某天深夜，她正走在回家的路上。她沿着一条小巷抄了个近路。她刚走到街边，就看到一群年轻人朝她走了过来。她立刻意识到，这种场景与她最近在媒体上看到的袭击年轻女性的场景很像。

洛蕾塔立刻陷入了恐慌。她想象着自己会被那群接近她的人袭击。她的肾上腺素飙升，心脏狂跳，每块肌肉都绷紧了。她只想着逃跑，转身跑到一条繁华的马路上，甚至都没有看到为了避免撞到她而转向的汽车。

第二天，马克在结束了一上午的会议后回到了他的办公室。他上网查看了他的投资。他的大部分积蓄都投资于一家矿业勘探公司，该公司当天早上下跌了 10%。在过去一个月中，该公司已经下跌了 20%。他非常害怕失去自己的积蓄。

在马克看来，似乎他剩余的积蓄消失在了一个黑洞里。他想象他的钱在他的眼前燃烧。他紧张地计算出他的积蓄还剩多少。他用拳头敲打着桌子。害怕失去他剩余的钱的感觉是如此强烈，以至于他的手在颤抖，胃似乎也很疼。由于无法承受这种压力，他登录了股票经纪账户，以当天的低价卖出了手里的股票。接下来的一周，这家公司宣布了一个重要的发现，股票价格暴涨。

洛蕾塔和马克本能地对即将发生的人身危险和严重的经济损失做出了反应。当我们认为自己处于危险之中时，恐惧就会占据我们的大脑。我们只会想到可能发生的最糟糕的事情，比如洛蕾塔只想到会受到袭击，马克只想到他会失去他的积蓄。由于我们总是关注潜在危险，所以会过滤掉其他所有信息。我们处于“战斗”模式，而且失去了洞察力。

洛蕾塔和马克所做的事是大部分人都会做的，他们选择了逃避而不是战斗。

对于洛蕾塔来说，这显然是审慎的做法，尽管她的恐惧可能被证明是毫无根据的。然而，这也使她对另一种风险视而不见——路上的汽车。

另一方面，马克的反应是不恰当的。虽然对于洛蕾塔来说，犹豫是一个错误，但是马克最好的反应应当是花些时间，冷静地思考一下发生了什么以及他的选择是什么。他应当向他的经纪人寻求信息，也许还可以打电话给公司，了解一下下跌的原因以及公司未来的计划和前景，了解一下自从股票信息被披露出来之后有什么变化？市场是否比他的股票下跌得更多？这是否暗示着抛售行为可能是非理性的群体行为？

洛蕾塔对其面临的人身危险做出了理性的反应，她的恐惧是为了保护自己。马克对一种情绪危险做出了反应：如果别人发现了他的损失，他会对他的损失感到遗憾和尴尬。他的身体会自动做出反应，就像洛蕾塔的那样，但这却导致他做出了一个糟糕的财务决策。

马克犯了一个在投资者中经常可以观察到的基本错误：盲目地对目前市场上正在发生的事情做出反应。对马克而言，即使他在做了必要的检查和思考后认为卖出仍是正确的决定，但是在恐慌时卖出仍然是一种愚蠢的行为。他更好的选择可以是持有，并在下一次反弹时卖出。所有市场都会反应过度，因为其他人都在恐慌，而且还受到了群体行为的感染。

马克需要做的是回顾他的投资计划。他应当仔细审视一下公司是否仍在正轨上。如果是的话，他应当继续持有股票吗？如果不是，他应当冷静地想出最明智的卖出方式。当然，读者可能意识到马克是一个典型的牛市投机者，他没有任何投资计划。他没有研究自己的财务状况或者计划，就在某种提示下进入了股市。他盲目地做出反应，因为他没有做决策的参考框架。

那些发现自己正与马克有相同处境的人要做的第一件事就是停下其正在做的事，并且为想要实现的目标制订一个有效的计划。然而，这只是一个开始，有一个更普遍和重要的问题，它与我们对市场的看法有关。我所有的经验都表明，成功的、熟练的投资者与不成功的初学者之间的区别不在于他们所做的分析，而在于他们了解市场的方式是符合现实还是与现实有分歧。

大多数初学者都不明白为什么股票会因好消息而下跌、会因坏消息而上涨，他们也无法理解为什么熊市会在经济繁荣时开始，而牛市开始时，他们周围都是悲观的情绪。然而，原因很简单：人们不会根据已经发生或者正在发生的事情投资，他们会基于自己对未来之事的预期而投资。

经济学家都知道这一点，他们将股市作为衡量实体经济的主要指标。人们普遍认为，股市会比实体经济提前 6 ~ 12 个月。回溯至 19 世纪后期，查尔斯·道（Charles Dow）创造了市场平均指数，这是今天股市指数的前身，它不是交易股票市场本身，而是商业周期的晴雨表。

问题是，马克和他的共同的投资者正在对他们当前的情绪做出反应，而不是把它们放在某个角度去观察。为了避免这种认知偏差，他应当有一个合理的投资计划，并且需要耐心和自律：耐心地让他的计划在他设定的时间框架内为他工作，按照既定路线坚持自己的计划。

保持观点最重要。这意味着我们必须远离群体。这也意味着我们要理解市场会在恐慌和极度兴奋之间摇摆不定。在熊市中割伤你的喉咙与在牛市中走向悬崖一样糟糕。

投资要义

恐惧、后悔和自我的相互作用可能会导致我们做出不当决策。股票市场是一个预测指标，因为我们投资于预期。应当有一个合理的计划，自律并保持耐心。坚持观点。

36

征服恐惧

作为初学者，我们都是带着完全错误的想法进入股市的。我们尝试找到一种每次都能获利的买卖股票的方法。我们内心深处认为，有人能够在每笔投资中都赚钱。

当我开始投资时，我发现了最令人不安的事情，那就是我意识到事实并非如此。和其他人一样，我认为这是因为我缺乏知识和技能。最终，我明白了损失是投资本质的一部分，因为它涉及承担和管理不确定性。这意味着任何人所做的很多投资都会亏本。后来我更深刻地认识到，这是成功投资的秘诀之一。

这种认识是，真正阻止我们成功投资的是恐惧。恐惧主要会以以下三种方式使我们无法成为成功投资者。

- **我们害怕"扣动扳机"，即专业人士所说的"率先投资"。**然而，我们大多数人都会回看那些我们没有充分利用的机会，并哀叹自己错过了这么多非常有利可图的投资机会。换句话说，我们能够看到好机会，却害怕抓住它们。
- **我们害怕吃错药。**我们做了一笔投资，而它开始时就错了。我们知道我们应当卖出它并承担损失，但我们没有这样做。相反，我们会坚持下去，希望它会变好，在这个过程中，我们失去了很大一部分投资。换句话说，我们明白我们错了，但是自己害怕承认错误，并害怕如果把它卖出后情况变好的话会再次犯错。

- **我们害怕利润被拿走。**我们做了一笔投资，一开始是成功的。然后，它超出了我们的预期。接着，我们爱上了这只股票，就像市场传说的那样。我们无法获得那些显而易见的利润，只有眼睁睁地看着它们从我们身边溜走。如果股票持续上涨，我们担心会错过更多的利润。后来，正如华尔街所说的那样，当它下跌时，我们害怕承认我们并没有采取行动。

在 30 多年的股票投资中，我学到的最有价值的东西不是如何分析市场以及如何管理金钱和风险，尽管它们很重要，而是伟大的投资者的思维方式不同于其他人。

不同之处在于，他们明白投资的本质是假设和管理不确定性。当我第一次对人们说这些话时，他们认为这是微不足道的，几乎是不言自明的。但是，关于投资，如果我有一件事情可以确定的话，那就是最好的投资者明白这意味着什么，而其他投资者甚至还没有认真对待它。

正如我们已经看到的那样，当我们开始投资时，我们会花费大量时间来寻找完美的方法、导师、书籍或者课程，因为这会告诉我们如何一直做正确的事。现在，如果我们停下来想一想，我们应当知道这是不可能的。我们正在寻找的是一个永远正确的方法，因此，根据定义，这种方法不存在损失风险。如果没有风险，那么就没有机会获利。这就像是在赛马中下赌注，每个人都知道哪匹马会赢。

所有投资都涉及不确定性的逻辑推论是总有一些投资会失败。这也意味着我们无法预知哪些会失败。如果我们知道，我们就不会把这些投资放在首位了。

这其中蕴含的意义是巨大的，是将伟大的投资者与其他所有人区分开的核心所在。最好的投资者已经学会接受不确定性，这意味着他们会直面损失的风险以及获利的机会。一旦他们做到了这一点，他们就可以战胜恐惧。简单地说，如果所有投资都涉及不确定性，我们不知道哪些投资会成功，哪些投资会失败，那么就没有什么可担心的了。如果我们无论怎么努力都没有办法事先知道股票投资会以盈利或者亏损结束，那么恐惧亏损的逻辑又是什么呢？

伟大的投资者所做的就是在开始或者结束投资时，无论盈利还是亏损，他们都不会带有任何情绪。他们能够做到这一点，因为他们完全接受他们无法知道任何一项投资是否会有效，所以进出这些投资是他们执行其计划所必须做的。害怕结果变得与他们无关，害怕承认错误也是无关紧要的，因为没有效果的投资不是他们的错误，这些投资只是不可避免的不成功投资。

这并不意味着成功的投资者都是莽撞的赌徒。相反，他们总是非常自律，并且专注于他们所做的事情。他们都会有一个计划，并且坚持不懈地执行计划。他们这样做是因为他们知道如果他们遵循计划，计划就会起作用，而且他们已经从内心中接受了投资涉及不确定性这一点。

作为一位主动投资者，我每天都会按顺序做以下几件事：

- 评估整个市场在前一天发生了什么；
- 检查我的投资组合发生了什么变化；
- 采取我的投资计划所规定的任何行动；
- 查看我正在密切关注的热门股票列表；
- 当我的计划表明机会已经成熟，并且我应当采取行动时就买入；
- 在股市中寻找新兴的投资机会；
- 阅读和研究。

所有好的投资者都知道，他们不应当与其他人讨论他们的投资。他们既不需要来自自我或者其他人的安慰，也不需要同伴的安慰。事实上，他们会积极地回避同伴的压力或者安慰，因为他们知道群体是如何发挥作用的。他们很少允许其他人进入他们的投资领域。

然而，几年前，我花了两个星期与一位同行进行了交流，我利用这个机会向他展示了我是如何工作的。每天，我会下载前一天的数据，而且我的朋友会和我坐在一起，探讨我的日常事务。大多数时候，我并没有采取太多行动，尤其是因为在熊市时，很少有买入的时机出现。

有一个场景在我脑海中仍然很清楚。当我浏览我的投资组合时，我发现一只股票在前一天已经跌至我设定的止损点。我们都知道应当怎么做，因为我们对该股票的价格下跌已经讨论好几次了。我立即切换回我的网络浏览器，并与我的经纪人签订了卖出订单。短暂的沉默过后，我的朋友说："我也希望我能做到这样平静地卖出它。"我能够想到的唯一答案是：这就是我必须做的。

投资要义

投资涉及损失和利润。我们无法预先知道哪些投资会有回报，而哪些投资会失败。要在成功的投资中建立头寸，迅速卖出那些失败的投资。当你本能地知道应该做什么，并且毫不犹豫地去做时，你就掌握了投资的艺术。投资是一项事业。

译者后记

《投资的心理护城河：影响投资决策的非技术性因素》一书主要是从投资思维的层面向我们介绍了在股市投资中经常会出现的很多思维误区和认知偏差，它们都是非技术层面的。我们的投资结果取决于我们如何管理我们的情绪和避免认知偏差。避免认知偏差的第一步是意识到它们是存在的。通过阅读和翻译本书，我意识到，当你真正开始进行股票投资的时候，很多思维方面的问题和陷阱就会接踵而来，比如过度自信、心理账户、情绪化认知、赌徒谬误、随机性以及羊群效应等。这些思维方式的问题会给你的投资带来很大的负面影响。

本书详尽地介绍了各类认知偏差在投资中可能出现的情形及其具体表现，同时还仔细地分析了这些认知偏差是如何影响我们的投资决策的，以及我们应该如何有效的认识和避免它们。事实上，能把伟大的投资者和普通投资者区分开的就是，伟大投资者都是有耐心且有原则的，而普通投资者总是情绪化和冲动的。所以，我希望读者通过阅读本书，能够了解自己的思维障碍和陷阱，建立起适合自身的、稳定有效的投资原则和流程，从而实现从普通投资者向优秀投资者的转变！

在本书的翻译过程中，我首先要感谢我的妻子董梦蕾女士，她牺牲了自己的时间来帮助我完成本书的翻译工作，这是家庭给予我最大的支持！同时，我要对我的四位同事和朋友，吴建刚、史广龙、蒋雪云、张悦怡表示感谢，他们为我提供了宝贵的建议和莫大的帮助。与他们的合作非常愉快。

无论如何，翻译是一项无比重要的工作。由于受到英语水平的限制，错误之处在所难免，还请各位读者批评指正。

Think Like the Great Investors：Make Better Decisions and Raise Your Investing to a New Level by Colin Nicholson.

ISBN: 978-1-118-58714-0

北京阅想时代文化发展有限责任公司为中国人民大学出版社有限公司下属的商业新知事业部，致力于经管类优秀出版物（外版书为主）的策划及出版，主要涉及经济管理、金融、投资理财、心理学、成功励志、生活等出版领域，下设“阅想·商业”“阅想·财富”“阅想·新知”“阅想·心理”“阅想·生活”以及“阅想·人文”等多条产品线。致力于为国内商业人士提供涵盖先进、前沿的管理理念和思想的专业类图书和趋势类图书，同时也为满足商业人士的内心诉求，打造一系列提倡心理和生活健康的心理学图书和生活管理类图书。

《巴菲特投资与经营哲学》

- 一本投资者必读的、系统而全面分析巴菲特投资思想、解密“伯克希尔哈撒韦帝国”经营神话的书。
- 本书作者首次揭示了巴菲特 60 年来能够保持 20% 回报率的秘密，以及巴菲特的核心财富驱动力其实就是伯克希尔哈撒韦公司的经营哲学，全面解读了这位商界奇才的投资理念和商业思想。

《苏富比拍卖大师：艺术界的冒险之旅》

- 创造拍卖史上无数奇迹的、苏富比前首席拍卖师的精彩人生。
- 揭秘拍卖师一锤定乾坤背后鲜为人知的心路历程，领略艺术殿堂级的饕餮盛宴。
- 西蒙·德·普瑞怀着对艺术的敬畏之心，将自己毕生的精力都投入了探寻世间艺术品瑰宝并为其找到完美归属的冒险之旅中。尽管拥有瑞士银行家的耀眼光环，但是他却因敢于颠覆拍卖界数百年的常规以及戏剧般的拍卖“技巧”而闻名于世，为世人很好地诠释了“艺术人生”的精髓所在。

《约翰·博格的投资智慧》

- 一本集共同基金投资大师 60 年职业生涯投资智慧与思想的经典必读书。
- 约翰·博格及其创建并领导的先锋集团和指数基金不仅获得了商业上的成功，而且还在很多方面获得了成功。他一生都在奉行“投资者第一”的理念。这不仅改变了个人的投资方式，而且让成千上万投资者受益。